おくぞの流　簡単　激早　ぴちぴち　お魚おかず202

奥薗壽子
Toshiko Okuzono

CONTENTS
目次

●は10分以内にできる料理です。
（ただし、魚の下ごしらえの時間や塩水につける時間は含みません）

●は10分以内にできる料理です。
（ただし、魚の下ごしらえの時間や塩水につける時間は含みません）

この本の決まりごと

＊計量の単位は、
カップ1＝200cc、大さじ1＝15cc、小さじ1＝5ccです。
＊材料は基本的に2人分です。
ただし、炊き込みご飯などは4人分のものもあります。
＊汁物以外では原則としてフライパンを使っていますが、
鍋や中華鍋でもかまいません。
＊落としぶたのかわりに
アルミホイルやオーブンシートを
ふたとして代用してもかまいません。
アルミホイルの場合は、
上にお皿を1枚のせてください。
オーブンシートの場合は、
のせるだけで材料と密着するので、
そのままうまく、落としぶたとして機能します。
＊下ごしらえの必要な魚については、
その基本手順をp10〜13に紹介しました。
＊下ごしらえした魚をつける塩水は、
各レシピとも「水1カップ＋塩小さじ1」としていますが、
魚の大きさや数、つける容器の形やサイズによって、
同じ割合の濃度で分量は加減してください。
＊調理時間はあくまでも
〝おくぞの流〟での目安表示です。

はじめに

京都生まれ京都育ちの私は、はっきり言って魚料理は得意ではありませんでした。だって、京都の中心地は海に面してない盆地ですから、新鮮な魚を食べる習慣がそれほどないように思います。刺身よりもどちらかといえば干物が食卓にのることが多く、ごちそうといえば、塩さばを使った「さばずし」みたいな……。

ところがその後、北九州に5年ほど住む機会があり、それこそ食べ物に対してかなりのカルチャーショックをうけました。市場に行けば、イキのいい魚がバケツ1杯いくら、みたいに売られていたり、おがくずの中でシャコがもぞもぞ動いていたり……。京都にいるときは自分で刺身を作るなんて考えたこともなかった私が、いつの間にかいわしを手開きして刺身にし、あじでおすしを作るまでになっていました。そして、「魚ってなんておいしいんだろう」と、もう夢中で魚を食べまくり、それ以来、大の魚好きです。

この本は、そんな大好きな魚をもっともっと食べてほしくて作った本です。魚屋さんやスーパーに行けばたくさんの種類の魚が売られていますが、毎日気軽に作っていただくことを考えて、できる限りどこのスーパーでも手に入るような魚を中心にまとめてみました。ですから出てくる魚の種類はあまり多くありませんが、そのぶん、手に入りやすい魚に関しては、たくさんの食べ方を紹介してみました。

また、レシピは、切り身で手に入るものは切り身から、刺身になっているものは刺身か

奥薗壽子
Toshiko Okuzono

ら、というように、なるべく売られている形状ですぐに料理できるように書いてみました。
魚料理ってめんどうくさいっていうイメージがありますが、すでにきれいに切り身にされて売られているものもたくさんあるので、むしろ肉よりも簡単に料理できるくらいなのです。
前作と前々作の野菜の本と同様、魚を「あいうえお順」に並べていますので、食べたいなと思った魚、安売りでつい買ってしまった魚でも、すぐに調べることができるようになっています。魚は肉より値段が高いという感じがしますが、旬のときに大量に出回る魚を買えば、決して高いものではないし、それらを上手に買って、あとは手を替え品を替え料理をするというのが腕の見せどころです。
さて、どうですか？　今夜はひとつ魚料理を作ってみたいなんてお思いになりませんか？

おくぞの流お魚料理のポイント

じつは息子は小さいころ、魚が大の苦手でして、夕飯が魚の日は「え〜、きょうは魚なの〜」とつまらなそうな顔をしたものでした。

彼が魚嫌いになった理由はいくつかあって、まず近所においしい魚屋さんがなかったこと。ちょっと足をのばしてスーパーまで行けばよかったのだけれど、お菓子をねだられるのがいやで、ついつい共同購入の冷凍魚を利用していた私。冷凍の魚がいけないとは言わないけれど、新鮮な魚のおいしさにはかないません――その後、とれたての魚を食べられるようになったら、ずいぶん魚好きになりました。幼い子どもほど、むしろ魚のおいしさには敏感なんじゃないかと思うのです。

二つめの理由は、小骨。とくにいわしやあじの小骨などがだめで、すぐにげーげーするのです。大人でも子どもでも、小骨が気になる人って、これくらいはのどを通るでしょ、みたいな小さい骨でさえ引っかかるんですよね。息子はまさにそんなタイプ。私なんか、かなり太いのでもガシガシ食べてしまうのですけど……。それでいろいろ作戦を考えまして、ぶりとか、さけとか、ぶりのかまとか、身だけがポロリと取れやすい魚をできるだけ食卓にのせるようにして、警戒心を取りました。それから、いわしみたいにどうしても小骨のあるものは、表面に小麦粉をつけてカリッと焼いたり、フライにしたりするようにしました。するとそのカリッとした衣にだまされて骨が気にならなくなるのです。

三つめの理由は味つけ。息子の場合、洋風の味つけと佃煮みたいな濃い味はどうもだめみたいでした。子どもって案外塩焼きは好きだったりするんですよね。見た目もシンプルで魚の形がはっきりわかるから、安心するのでしょうか？　そういう意味ではあっさりと蒸したものとか、ホイル焼きとかも嫌いじゃないですね。けれど、ホイル焼きはホイルの中で上手に食べるのは子どもにはむずかしいので、お母さんが身をほぐしてあげる必要があります。食べにくさで嫌いになる可能性もあるのです。

蒸し物の場合、身がやわらかくなって食べやすいのですが、あんなどをかけると、あんの野菜と骨がごちゃごちゃに混ざって食べにくかったりしますから、一尾ものより切り身のほうがおすすめ。その意味では、ホイル焼きも切り身がいいでしょう。

それから魚をおかずにしてご飯を食べるわけですから、トマト煮みたいな献立のときでも隠し味にちょっとしょうゆを使ったり、みそを入れたりしてみると、ぐぐっと和風味に近づき、ご飯との相性がよくなります。やはり、ご飯のすすむおかずがいいですよね。

四つめの理由はパサパサ感。さけの切り身なんかをグリルで焼くと、なんだかかたくなることってありますよね。焼くときにみりんや酒なんかちょっと塗ったりするといいのですが、それより簡単なのはフライパンで焼くこと。油をひいて焼けば、パサパサ感はなくなります。

嫌いな理由がなくなれば、魚はおいしく食べられるはず。事実、息子は今では大の魚好きです。おすしや刺身で魚を食べてればいいじゃないという人もいるかもしれませんが、魚のいろんなおいしさを知っているほうが、ずっと豊かで楽しいと思うのです。

魚のかんたん下ごしらえ

お魚料理は面倒と思われるかもしれませんが、下ごしらえのちょっとしたコツさえわかれば、一気に楽チンになります。
これさえ身につければ、お魚料理のレパートリーがぐっと増えますよ。まずはチャレンジです。
魚の下ごしらえをするときは、新聞紙を敷くと、まな板が汚れず、内臓などをそのままくるんで捨てられるので便利です。
※この本の各レシピに記載されている調理時間には、下ごしらえの時間や塩水につける時間は含みません。

あさりの下ごしらえ

1

塩水(水１カップ：塩小さじ１の割合)に
つけて砂出しさせる。
塩水の量は、ひたひたよりやや少なめで、
あさりがすこし顔を出すくらい。

2

あさりの吐く水が飛び散らないように、
また、暗くしたほうが砂出しもよいので、
新聞紙などで覆っておく。
冷蔵庫に入れずに常温で。
つける時間は60分くらい。

3

殻をこすり合わせて、汚れを落とす。

あじの下ごしらえ

1

ぜいごを取る。
包丁は尾のほうから入れていく。
ぜいごをつけたままだと、
口の中で引っ掛かったりして食べにくくなる。

2

包丁を腹の中ほどまで入れる。
内臓を手や小さなスプーンで
かき出すようにして取る。

＊あじの二枚おろしや三枚おろしは、
p13の「さんまの下ごしらえ」と
同じ要領でできます。

いわしの下ごしらえ

1

頭とひれをはさみでチョキンと切り落とす。

2

腹もはさみで切って開く。

3

そのまま、はさみで内臓をかき出す。
内臓を出したら、水で洗い流す。

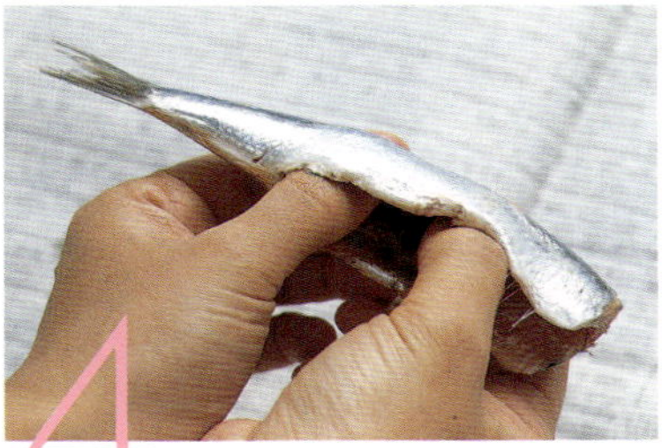

4

内臓を取ったら、指で腹を開いていく。
骨に指をそわせるようしていくと、
うまく開きます。

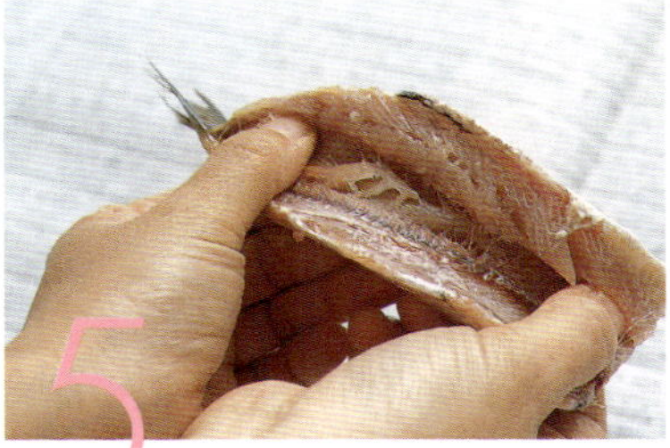

5

尾のつけ根まで腹を開いたら、身を開く。

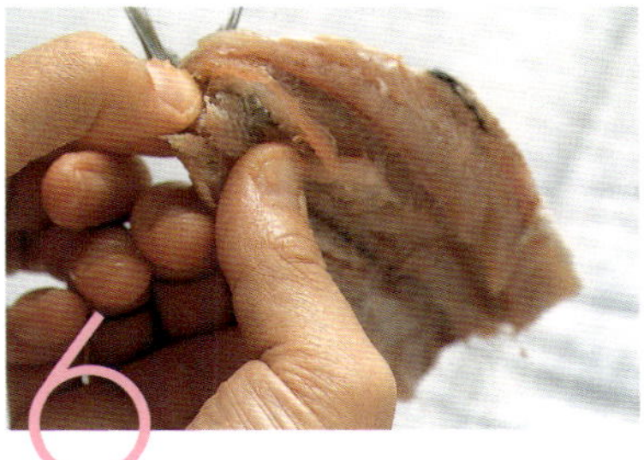

6

骨を尾の手前で折る。

7

骨をゆっくり引いていくと、
小骨まできれいにはがれる。

8

塩水(水１カップ：塩小さじ１の割合)に
５分ほどつけておく。
塩をして身をしめるためと、
全体にまんべんなく下味をつけるため。

いかの下ごしらえ

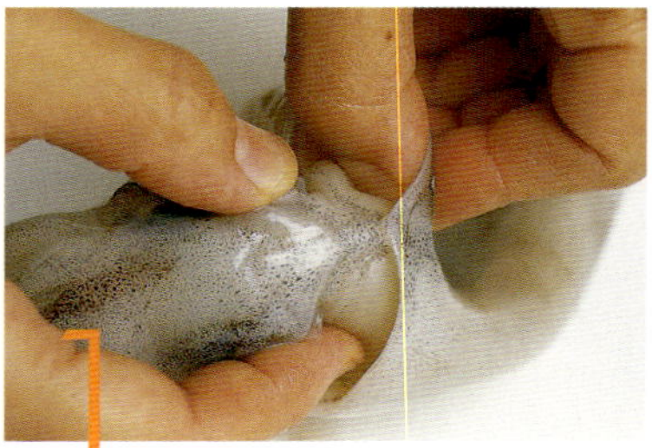

1

胴とげそがくっついている部分を
指ではずす。

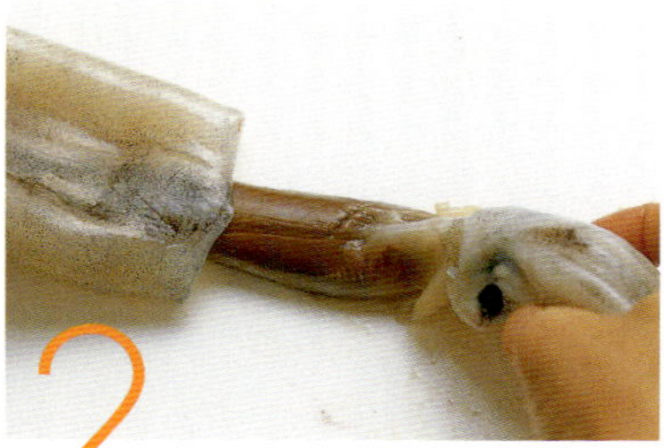

2

げそとわたをゆっくり引き抜くと、
きれいに取り出せる。

3

わた、頭、げそに分けて切る。

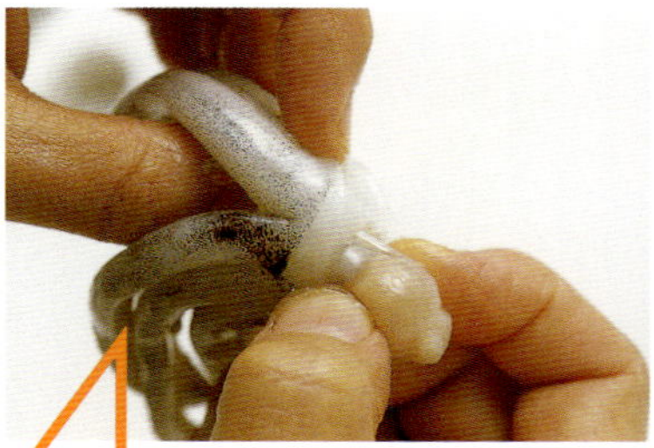

4

くちばしを取る。

えびの下ごしらえ

1

有頭のときは頭を手かはさみで取っておく。
殻の背中側に尾まで、
はさみで切り込みを入れていく。

2

切り込みを入れておくと、
殻がスルリとむきやすい。

3

つまようじで背わたを取り除く。

4

横2つに切っておくと、
火も早く通りやすくなって、
調理や加熱時間の短縮になる。

さんまの下ごしらえ

1

頭とひれをはさみでチョキンと切り落とす。

2

腹もはさみで切って開く。

3

そのまま、はさみで内臓ををかき出す。
内臓を出したら、水で洗い流す。

4

腹を開いて、包丁を骨の上にあてがい、
背中側にも少し切り込みを入れる。

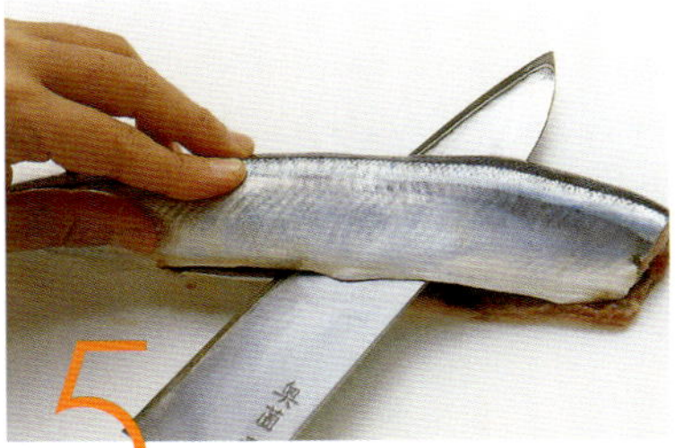

5

そのまま腹を閉じて、
包丁を骨の上でゆっくり
すべらせるようにしておろしていく。

6

まず、二枚におろす。

7

骨のついているほうをひっくり返して、
⑤と同じように包丁をすべらせて、
身と骨に分ける。

8

三枚におろした状態。

9

おろした身を
塩水(水１カップ：塩小さじ１の割合)に
５分ほどつけておく。
塩をして身をしめるためと、
全体にまんべんなく下味をつけるため。

あさり

塩水につけると水管を出してぴゅんぴゅん水を噴出するようなら
鮮度がいい証拠。むき身の場合は弾力やつやがあるものを。
市販のむき身はさっと下ゆでして使うといやなにおいが抜けます。

調理時間 4 分

旨みタップリの蒸し汁を
吸ったキャベツがうまい!

あさりと キャベツとの酒蒸し

●材料(2人分)

あさり(砂抜き→p10)……300g
バター………大さじ1
にんにく(すりおろし)……1かけ分
キャベツ(ざく切り)……$\frac{1}{4}$個分
酒または白ワイン………少々
粒こしょう………好みで

●作り方

①フライパンにバターとにんにくを入れて火にかけ、いい香りがしてきたら、キャベツを入れる。
②さっと炒めたら、あさりを上にのせ、酒か白ワインを入れてふたをする。
③貝の口が開いたらできあがり。好みで粒こしょうをふる。

☆ここがコツ!
フライパンのふたは
ぴったり閉まるものを。
キャベツは火を通すと
カサが減るので、
もっといっぱい入れても
ぺろりと食べられます。

調理時間 5 分

時には気分を変えて中華味!!

あさりと小松菜の炒め物

●材料(2人分)

あさり(砂抜き→p10)……300g
小松菜(ざく切り)………1わ分
ごま油………大さじ1
にんにく、しょうが………各1かけ
しょうゆ………少々
ラー油………適宜

●作り方

①フライパンにごま油の半量を入れて火にかけ、小松菜をさっと炒めて取り出す。
②あいたフライパンに残りのごま油を入れて、あさりを炒めてふたをする。あさりの口が開いたら、にんにく、しょうがをその上ですりおろしながら加える。
③最後に小松菜を戻し入れ、しょうゆで味を調えたらできあがり。好みでラー油をふりかける。

☆ここがコツ!
炒めた小松菜を一度取り出し、あさりに火が通ってから戻し入れることで、
小松菜もあさりも、ちょうどいい火の通り具合になります。

調理時間 10 分（スパゲティをゆでる時間を含む）

包丁いらずでこのうまさ！

ボンゴレ

●材料（2人分）
- あさり（砂抜き→p10）……300g
- スパゲティ………200g
- オリーブオイル………大さじ1
- トマト………2個
- にんにく………1かけ
- 塩、こしょう、しょうゆ……各適宜
- みりん………適宜

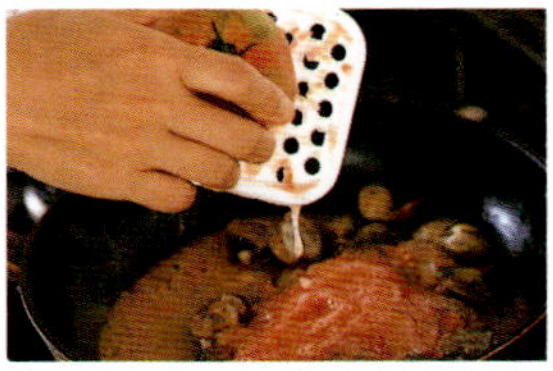

トマトとにんにくを続けてすりおろせば、おろし金を洗う手間も省けます。

●作り方

①スパゲティは塩（分量外）を入れた湯でゆでる。
②フライパンにオリーブオイルを入れて火にかけ、あさりをさっと炒めたら、トマトとにんにくをその上ですりおろし、ふたをして煮る。
③塩、こしょう、しょうゆで味を調え、すっぱいようならみりん少々も加える。
④ゆでたてのスパゲティをからめてできあがり。

☆ここがコツ！
スパゲテイをゆではじめてからソースを作っても充分間に合います。

調理時間 10 分

バターと牛乳とあさり。三味一体のおいしさ。

クラムチャウダー

●材料（2人分）
- あさり（砂抜き→p10）……300g
- 酒………少々
- バター………大さじ2
- 玉ねぎ（薄切り）………1/2個分
- 小麦粉………大さじ2
- 牛乳………2カップ
- にんじん（さいころ切り）………1/2本分
- じゃがいも（さいころ切り）………1/2個分
- 塩、こしょう………各適宜

●作り方

①あさりと酒を鍋に入れ、ふたをして火にかける。
②あさりの口が開いたら、一度ざるにあける（蒸し汁はとっておく）。
③あいた鍋にバターを入れて玉ねぎを炒める。
④しなっとなったら小麦粉を入れて炒め、粉っぽいところがなくなったら牛乳を入れて混ぜる。
⑤にんじん、じゃがいもも入れ、時々かき混ぜながらとろみがつくまで煮る。
⑥⑤がとろりとなったら、あさりの蒸し汁を加えてから、塩、こしょうで味を調える。最後に②を戻し入れればできあがり。

☆ここがコツ！
蒸し汁を最後に入れることで旨み倍増。
蒸し汁に塩けがあるので、味つけはそのあとに。

調理時間 6 分

あさりの旨みがしみしみ〜。

あさりと大根の炒め煮

●材料（2人分）
- あさり（砂抜き→p10）……300g
- 大根（短冊切り）………1/6本分
- ごま油………大さじ1
- しょうゆ………少々

●作り方

①フライパンを熱し、ごま油を入れて大根を炒め、大根がしんなりしたら、あさりを入れてさっと炒める。
②ふたをして蒸し焼きにする。
③あさりの口が開いたら、しょうゆで味を調えてできあがり。

☆ここがコツ！
大根はすぐに火が通るように、
薄めに切っておくのがコツ。
あさりの塩分があるので、
最後のしょうゆはかならず味見をしてからに。

調理時間 5 分

市販のむき身を使って簡単に。

あさりの時雨煮

●材料（2人分）
あさりのむき身………100g
しょうゆ………大さじ1～2
みりん………大さじ1～2
酒………大さじ1～2
しょうが（せん切り）
………1かけ分

●作り方
①むき身は一度さっとゆでて、水けをきる。
②しょうゆ、みりん、酒とあさり、しょうがを鍋かフライパンに入れて火にかけ、煮汁がなくなるまで煮たらできあがり。

☆ここがコツ！
時間があるときは、殻つきのあさりを酒蒸ししてから身を出して作ってもいいですね。
市販のむき身は一度下ゆですることで、独特のくさみを取ることができます。

あさり

調理時間 5 分

半熟に仕上げて、ご飯にのせてもうまい。

あさりの中華風オムレツ

●材料（2人分）
あさりのむき身………100g
卵………3個
青ねぎ（小口切り）……$\frac{1}{2}$わ分
ごま油………大さじ1

●作り方
①ボウルに卵を溶いて、あさり、ねぎを入れてかき混ぜる。
②フライパンにごま油を熱し、①を一気に入れる。両面をこんがり焼いたら、食べやすい大きさに切る。

☆ここがコツ！
丁寧に作るなら、むき身はさっと下ゆでしてから使うほうがよりおいしいですね。
どんぶりにするときは、甘酢のあんをかけると天津飯みたい。

調理時間 6 分

あさりと豆腐でボリューム満点!

あさりと豆腐のオイスターソース煮

●材料(2人分)

あさり(砂抜き→p10)……200g
ごま油………大さじ1
にんにく(すりおろし)……1かけ分
しょうが(すりおろし)……1かけ分
豆板醤(好みで)………小さじ1/2
木綿豆腐………1丁
オイスターソース………大さじ1
しょうゆ………好みで少々
水溶き片栗粉………適宜
にら(ざく切り)………1わ分

●作り方

①フライパンに、ごま油、にんにく、しょうが、好みで豆板醤を入れて火にかける。
②いい香りがしてきたら、あさりを入れてさっと炒め、食べやすく切った豆腐も入れてふたをする。
③あさりの口が開いたら、味をみながらオイスターソース、しょうゆをたらし、水溶き片栗粉でとろみをつける。
④最後ににらを混ぜてできあがり。

☆ここがコツ!
あさりの塩分と豆腐の水分で
味の濃さが変わるので、
必ず味をみてからオイスターソースを入れてください。
豆腐はすこし崩れたくらいがうまい。

調理時間 10 分

並べて焼いて、ほったらかしでこのうまさ。

あさりのオーブン焼き

●材料(2人分)

あさり(砂抜き→p10)……200g
プチトマト………6個
しめじ(ほぐす)………1/2パック分
オリーブオイル………大さじ1〜2
こしょう………少々

●作り方

①あさり、プチトマト、しめじを耐熱皿に並べる。
②上からオリーブオイルをかけ、こしょうをふり、オーブントースターで焼く。
③あさりの口が開けば、できあがり。

☆ここがコツ!
できたて熱々をフーフー言いながら食べてください。
きのこは、しいたけ、エリンギ、まいたけ、なんでもおいしい!!

調理時間 5 分

ふつうのみそ汁に飽きたら、これ。

あさりと豆腐の韓国風みそ汁

●材料(2人分)

あさり(砂抜き→p10)……200g
水………2カップ
昆布(細切り)……1cm×10cm分
長ねぎ(小口切り)………1本分
にんにく(すりおろし)……1かけ分
しょうが(すりおろし)……1かけ分
みそ………大さじ2〜3
コチュジャン………適宜
豆腐………1/2丁
粉唐辛子………適宜

●作り方

①水、昆布、あさり、ねぎ、にんにく、しょうがを鍋に入れて火にかける。
②沸騰してあさりの口が開いたら、みそ、コチュジャンで味を調える。
③食べやすい大きさに切った豆腐を加えてできあがり。好みで粉唐辛子をふる。
＊にら、春菊、きのこなど好みの野菜を加えてもかまいません。

☆ここがコツ!
みそは、ふだん使っているもので充分。
あらかじめコチュジャンと混ぜ合わせておくと溶けやすいですよ。

調理時間 4 分

豚キムチならぬあさりキムチだぁ〜!!

あさりとキムチの焼きそば

●材料(2人分)

あさり(砂抜き→p10)……200g
ごま油………大さじ1
白菜キムチ………200g
焼きそば………2玉
しょうゆ………少々
青ねぎ………適宜

●作り方

①フライパンにごま油を熱して、キムチを炒める。
②あさりを入れたらさっと混ぜてふたをする。
③あさりの口が開いたら焼きそばを加える。
④しょうゆで味を調え、最後に小さく切った青ねぎを散らす。

あさり

☆ここがコツ!
白菜はちょっとすっぱくなったくらいのものも、またおいしい。
最後に香りづけのしょうゆを加えることで味がしまります。

調理時間 6 分

フーフーしながら食べたい。

あさりとにらのエスニックにゅう麺

●材料(2人分)

あさり(砂抜き→p10)……200g
昆布(細切り)
………1cm×10cm分
水………2カップ
ナンプラー………適宜
そうめん………1〜2わ
にら(ざく切り)………1わ分
粉唐辛子、レモン……各適宜

●作り方

①あさりと昆布、水を鍋に入れて火にかける。
②沸騰してあさりの口が開いたら、ナンプラーで味を調える。
③別鍋でそうめんをゆでる。
④ゆでたそうめんを一度水洗いしてから②に加え、ひと煮立ちしたら、にらを入れる。
⑤好みで粉唐辛子をふり、レモンを添える。

☆ここがコツ!
ナンプラーがないときはしょうゆでもかまいません。
にらは最後に入れ、余熱で火を通すくらいがおいしい。

調理時間 6 分

スープを吸ってとろりと煮えたご飯のうまさ。

あさりのリゾット風

☆ここがコツ!
冷やご飯で作るので簡単です。温かいご飯を使うと早くとろりと煮えます。
しょうゆの隠し味もお忘れなく。

●材料(2人分)
あさり(砂抜き→p10)……200g
オリーブオイル………大さじ1
にんにく(すりおろし)……1かけ分
玉ねぎ(薄切り)………½個分
水………2カップ
A)塩、こしょう、しょうゆ
………各少々
ご飯………茶碗1〜2杯分
粉チーズ、パセリのみじん切り
………各適宜

●作り方
①鍋にオリーブオイルとにんにくを入れて火にかけ、いい香りがしてきたら玉ねぎを入れて炒める。
②玉ねぎがくたっとなったら、あさりをさっと炒め、水を入れてふたをする。
③あさりの口が開いたら、Aで味を調えて、ご飯を入れる。
④ご飯がとろりと煮えたら、器に盛る。
⑤好みで粉チーズとパセリをふる。

☆ここがコツ!
あさりだけを先に酒蒸しし、
その蒸し汁でご飯を炊くので旨み充分。
貝の身もふっくらジューシーに仕上がります。

調理時間 2 分(炊飯の時間を含まず)

江戸前を代表する庶民の味。

深川飯

●材料(4人分)
あさり(砂抜き→p10)……300g
酒………50cc
米………2カップ
しょうゆ………大さじ2

●作り方
①あさりと酒を鍋に入れ、ふたをして火にかける。
②あさりの口が開いたら、一度ざるにあけ、蒸し汁はとっておく。
③蒸し汁に水(分量外)としょうゆを足して2カップ強にする。
④洗って水けをきった米と③を炊飯器の内釜に入れて炊く。
⑤炊き上がったら、②を戻し入れて、できあがり。
＊時間があるときは貝から身をはずして、身だけを混ぜると食べやすい。

あじ

煮てよし焼いてよし揚げてよし、生でよし。
さらには開いて干してもよし。
こんな万能選手、ほかにある？

調理時間 10 分

言われなきゃ
ソース味とはわからない。

あじのソース煮

●材料（2人分）

あじ………2尾
A）水………1カップ
　ウスターソース………1/2カップ
　はちみつ………大さじ1
キャベツ（ざく切り）………1/4個分
B）マヨネーズ………大さじ3〜4
　牛乳………大さじ1

●作り方

①あじはぜいごと内臓を取って（→p10）、塩水（分量外）に5分ほどつける。
②フライパンにAを煮立ててあじを入れ、スプーンで煮汁をかける。
③表面の色が変わったら落としぶたをして中火からやや強火で煮る。
④とろりと煮つまったら取り出して煮汁をかける。
⑤あいたフライパンにキャベツを入れてふたをし蒸し煮にする。
⑥キャベツがくたっとなったら取り出し、Bをかけてできあがり。
＊4人分の場合も2人分と同じ煮汁の量で煮てください。

☆ここがコツ！
煮汁が煮立っているところにあじを入れるのがコツです。スプーンで熱い煮汁をあじの表面にかけてから落としぶたをすると、皮がふたにくっつきません。

調理時間 14 分

次の日も
その次の日もおいしい。

あじの南蛮漬け

●材料（2人分）

小あじ………8尾
A）水………1カップ
　塩………小さじ1
小麦粉………適宜
ごま油………大さじ1
B）しょうゆ、酢………各大さじ3
　みりん………大さじ1
　玉ねぎ（薄切り）………1個分
　たかのつめ（輪切り）……1本分

●作り方

①あじは頭をはさみで取り、内臓を取って（→p10）、Aの塩水に5分ほどつける。
②水けをふいてビニール袋に入れ小麦粉をまぶす。
③フライパンに2cmほど油を入れて揚げ焼きにする（最初弱火でじっくり揚げ、一度取り出し、再び強火でカリッと揚げる）。
④Bのたれにつけ込む。

小あじは、頭とひれをはさみでチョキンと切り落とす。

☆ここがコツ！
二度揚げすることで、中骨もカリッとおいしく食べられます。
揚げたての熱々もぜひ食べてみて！

調理時間 13 分

衣の下に隠れた粒マスタードがにくい味。

あじの粒マスタードフライ

●材料(2人分)

あじ(三枚におろす→p10)
………4尾分

A) 水………1カップ
　塩………小さじ1

粒マスタード………適宜

B) 卵………1個
　小麦粉………大さじ4

パン粉………適宜

サラダ油………適宜

キャベツ(せん切り)………適宜

レモン………適宜

●作り方

①あじはAの塩水に5分ほどつける。

②水けをふいて、身のほうに粒マスタードを塗る。

③Bを混ぜたものをからめてからパン粉をつける。

④フライパンに1cmほど油を入れて、焼き揚げにする。

⑤皿に盛り、キャベツと好みでレモンを添える。

☆ここがコツ!
自分でおろしてもいいですが、おろしたものを買ってくるのも楽です。
塩水につけることで、すこし身がしまり、下味も均一につきます。

調理時間 7 分

塩焼きよりぐぐんとおしゃれ。

あじのムニエル

●材料(2人分)

あじ………2尾

A) 水………1カップ
　塩………小さじ1

小麦粉………適宜

バター………大さじ1

サラダ菜………適宜

プチトマト………適宜

B) しょうゆ………大さじ2
　酢………大さじ2
　みりん………少々
　しょうが汁………適宜
　青ねぎ………適宜

●作り方

①あじはぜいごと内臓を取って(→p10)、Aに5分ほどつける。

②水けをふいてビニール袋に入れ、小麦粉をまぶす。

③フライパンにバターを熱して、あじを両面こんがりと焼く。

④皿に盛り、サラダ菜とプチトマトを添え、Bのソースをかける。

☆ここがコツ!
塩水につけたあとは水けをキッチンペーパーでふきます。表面に小麦粉をまぶすと、皮がカリッと香ばしく焼け、さらりとしたソースもからみやすくなります。

調理時間 7 分(干す時間を含まず)

へぇ～、手作りできんるんだ～、と感動のうまさです。

あじの干物

●材料(2人分)

あじ………4尾

A) 水………1カップ
　塩………小さじ1

大根おろし………適宜

●作り方

①あじは頭とぜいごと内臓を取って(→p10)開き、Aの塩水に5分ほどつける。

②脱水シート、またはざるに並べて半日干す。

③グリルで焼いて大根おろしを添えればできあがり。

☆ここがコツ!
半生くらいの干し加減がおいしいです。
脱水シートに挟んだものは冷蔵庫に入れてくださいね。

調理時間 5 分

居酒屋でおなじみの豚肉料理をあじで。

あじのねぎ塩焼き

●材料(2人分)
あじ(三枚におろす→p10)
………4尾分
A)水………1カップ
　塩………小さじ1
小麦粉………適宜
ごま油………適宜
塩、こしょう………各適宜
長ねぎ(みじん切り)………1本分

●作り方
①あじは、Aの塩水に5分ほどつける。水けをふいて、ビニール袋に入れ、小麦粉をまぶす。
②フライパンにごま油を熱し、あじをカリッと焼く。
③フライパンの油をふき取り、塩、こしょうでしっかり味をつけ、最後にねぎをたっぷりまぶす。

☆ここがコツ!
三枚におろしたものを買ってくれば便利です。
カリッと焼けたあと、さらに
塩、こしょうすることで、味が引きしまります。

あじ

調理時間 8 分

三枚おろしをがんばった人へのごほうび。

あじの骨せんべい

●材料(2人分)
あじの中骨………2尾分
A)水………1カップ
　塩………小さじ1
小麦粉………適宜
サラダ油………適宜
レモン………適宜

●作り方
①あじの中骨はAの塩水に5分ほどつけたあと、水けをふいてビニール袋に入れ、小麦粉をまぶす。
②フライパンに1cmほど油を入れて焼き揚げにする。
③皿に盛り、好みでレモンを添える。

☆ここがコツ!
塩水につけることで、生ぐささが抜け、下味がつきます。
弱火でひたすらじっくり揚げてください。

調理時間 9 分

早い話、魚の田楽(でんがく)です。

あじの魚田(ぎょでん)

●材料(2人分)
あじ………2尾
A)水………1カップ
　塩………小さじ1
B)みそ………大さじ2
　はちみつ………大さじ2
　しょうが(すりおろし)
　………1かけ分
ししとう………適宜

●作り方
①あじはぜいごと内臓を取って(→p10)、Aの塩水に5分ほどつける。
②水けをふいて、グリルで焼く。
③こんがり焼けたらBを塗ってさらにこんがり焼く。
④ししとうもあじの横でさっと焼き、つけ合わせる。

☆ここがコツ!
最初ふつうに塩焼きにし、香ばしく焼けてからみそを塗ってください。
いきなりみそを塗って焼きはじめると、
中まで火が通る前に焦げてしまう心配があります。

調理時間 6 分

しその香りがあとを引く。

あじのしそ焼き

●材料（2人分）

あじ（三枚におろす→p10）………4尾分

A）水………1カップ

　塩………小さじ1

小麦粉………適宜

サラダ油………適宜

塩、こしょう………各適宜

青じそ（せん切り）………10枚分

●作り方

①あじはAの塩水に5分ほどつけ、キッチンペーパーで水けをふいてビニール袋に入れて、小麦粉をまぶす。

②フライパンに油を熱し、あじを両面こんがりと焼く。

③フライパンの油をふき取り、塩とこしょうで味を調えたら、青じそをまぶしてできあがり。

☆ここがコツ！
青じそはせん切りにしたあと、一度水に放してから水けをしぼって使うと、あくが抜けてさらにおいしくなります

調理時間 12 分

あじの煮汁がめんつゆがわり。

あじそうめん

●材料（2人分）

あじ………2尾

A）水………1カップ

　塩………小さじ1

B）水………1カップ

　酒、みりん、しょうゆ………各$\frac{1}{2}$カップ

　はちみつ………大さじ4

　しょうが（薄切り）……1かけ分

そうめん………2〜3わ

●作り方

①あじはぜいごと内臓を取って（→p10）、Aの塩水に5分ほどつけておき、水けをふく。

②フライパンにBを煮立てて①のあじを入れる。

③あじに煮汁をかけ、表面の色が変わったら、落としぶたをして、強火で煮る。

④あじに火が通ったら皿に取り出して、身をほぐす。

⑤煮汁に好みの濃さになるように水（分量外）を加えて煮立てたら、ゆでたそうめんを入れてさっと煮る。

⑥器に盛り、④のあじを上にのせればできあがり。

☆ここがコツ！
煮汁はそのままだと煮つまっているので、少しずつ水を加えて、好みの濃さに加減してください。
あらかじめ身をほぐしておくと食べやすいですが、自分でほぐしながら食べても。

調理時間 3 分(つけ込む時間を含まず)

とろろプラスで
ワンランクアップ。

あじとろろ丼

●材料(2人分)
あじの刺身………2パック
A)しょうゆ………大さじ2
　みりん………大さじ2
　しょうが汁………1かけ分
長いも………200g
ご飯………茶碗2杯分
青ねぎ(小口切り)………適宜

●作り方
①あじの刺身をAに10〜15分ほどつける。
②長いもは皮をむいてビニール袋に入れ、麺棒でたたく。
③袋の口を縛り、角を切る。
④ご飯の上に①のあじをのせる。
⑤その上に③のとろろをしぼり出して、青ねぎをふればできあがり。

☆ここがコツ!
長いものつぶし具合は好みで。
ところどころに
粒々が残っているのも、
シャリシャリしておいしい!

調理時間 2 分

みそとあじの
感動のハーモニー。

あじのたたき丼

●材料(2人分)
あじの刺身
(市販のたたき用でも可)
………1〜2パック
A)みそ………大さじ2
　水………大さじ2
　しょうゆ………大さじ1
　しょうが(すりおろし)
　………1かけ分
　すりごま………たっぷり
青じそ(せん切り)………20枚分
ご飯………茶碗2杯

●作り方
①あじの刺身(たたき)はAのたれをからめる。
②青じそも混ぜる。
③ご飯の上にのせてできあがり。

☆ここがコツ!
1杯目はそのまま食べて、2杯目は
熱々の湯をかけてお茶漬けに。
1回で二度おいしい。

あじの干物

調理時間 8 分

干物だから、面倒な下ごしらえは一切なし。

あじの干物のから揚げサラダ

●材料（2人分）
あじの干物………2枚
小麦粉………適宜
サラダ油………適宜
A）ナンプラー………大さじ2
　レモン汁………$\frac{1}{2}$個
　粉唐辛子………好みで
サラダミックス………適宜

●作り方
①あじの干物は食べやすい大きさに切っておく。
②ビニール袋に入れて小麦粉をまぶす。
③フライパンに1cmほど油を入れて、焼き揚げにする。
④揚げたての熱々にAのたれをからめる。
⑤サラダミックスの上につけ汁ごと盛りつける。

☆ここがコツ！
干物を食べやすく切るのは
キッチンばさみで
チョキチョキやると早くて楽。
揚げたての熱々にたれをからめると、一気に中にしみ込みます。

調理時間 7 分

干物なら頭も尻尾もまるごとカリカリ。

あじの干物のカリカリ揚げ

●材料（2人分）
あじの干物………2枚
小麦粉………適宜
サラダ油………適宜
レモン………適宜

●作り方
①あじの干物はビニール袋に入れ、軽く小麦粉をまぶしておく。
②フライパンに1cmほど油を入れ、焼き揚げにして、レモンを添える。

☆ここがコツ！
揚げるとさらに水分がとんでしょっぱくなるので、
できるだけ甘塩の干物を買いましょう。レモンをたっぷりしぼって。

調理時間 10 分

ポン酢であえるから香りがいい。

あじの干物ずし

●材料（2人分）
あじの干物………2枚
きゅうり（輪切り）………1本分
ご飯………茶碗2杯分
ポン酢………大さじ2
ごま………適宜

●作り方
①きゅうりは塩（分量外）でもんでおく。
②あじの干物はグリルでこんがり焼いてから、身をほぐす。
③あじ、きゅうり、ご飯、ポン酢、ごまを混ぜて器に盛る。

☆ここがコツ！
ポン酢はかんきつ果汁がたっぷり入った香り豊かなものを使うと
おいしくできます。食べ残しの干物を利用しても。

調理時間 3 分

緑日の屋台の味。

いかのバターじょうゆ焼き

●材料（2人分）
するめいか………2杯
バター………大さじ2
しょうゆ………大さじ1

●作り方
①いかは下ごしらえをして、わたを抜き（→p12）、胴は輪切りにする。
②げそは塩でもんで吸盤を取る。
③フライパンにバターの半量を入れて火にかけ、いかをさっと炒める。
④最後にしょうゆを回しかけ、皿に盛って残りのバターを添える。

☆ここがコツ！
とにかく手早く
さっと火を通すこと。
最後にしょうゆを入れたら、
即、食卓へ。

いか

いかの足は間違いで、いかの腕が正解らしい。
ちなみに、たこの頭はじつは胴。
甲殻類というのは、なんだかややこしい。

調理時間 2 分

いかとセロリは相性バツグン。

いかの梅マヨサラダ

●材料（2人分）
いかの刺身………1パック
セロリ（茎の部分）………1本分
梅干し………1個
マヨネーズ………適宜

●作り方
①セロリは斜め薄切りにする。
②梅干しは種を取って、ビニール袋でもみもみしてつぶし、マヨネーズを混ぜる。
③②のなかに、セロリといかの刺身を加えて混ぜてできあがり。

☆ここがコツ！
梅マヨを作るのをビニール袋でやると、洗いものも少なく便利です。
いかの刺身は細く切ってあるものがマヨネーズと混ざりやすい。

調理時間 2 分

ご飯にのせてどんぶりにしても。

韓国風いか納豆

●材料（2人分）

いかの刺身………1パック
納豆………1パック
コチュジャン………小さじ1
ナンプラーまたはしょうゆ
………大さじ1
みりん………少々
にんにく、しょうが（各すりおろし）
………各1かけ分
青ねぎ（小口切り）……1本分
粉唐辛子………適宜

●作り方

①全ての材料を混ぜる。

☆ここがコツ!
納豆に調味料を混ぜてから
最後にいかを入れると
きれいに混ざります。

調理時間 3 分

残ったわたとげそでもう一品。

いかのわた煮

●材料（2人分）

いかのわた………2杯分
いかのげそ………2杯分
みそ………小さじ1
みりん………小さじ1
しょうが（すりおろし）
………1かけ分
酒………大さじ1
青ねぎ（小口切り）………適宜

●作り方

①いかのわたと一口大に切ったげそを鍋に入れ、そのうえにみそをのせ、残りの調味料も入れる。
②ふたをして火にかける。
③1～2分煮て、わたにさっと火が通ったら、全体を混ぜてできあがり。最後に青ねぎをふる。

☆ここがコツ!
いかのわたは袋から出さず、そのまま鍋に入れてふたをして加熱します。
火が通ったら自然に破れるので、ひと混ぜしたらできあがり。

調理時間 10 分（つけ込む時間、おく時間を含まず）

しみじみ味わいたい。

いかと大根の煮物

●材料（2人分）

するめいか………2杯
A）しょうゆ………大さじ2
はちみつ………大さじ2
大根（乱切り）………$\frac{1}{3}$本分
B）水………300cc
しょうゆ、みりん
………各大さじ1
昆布（細切り）
………1cm×10cm分

●作り方

①いかは下ごしらえをして（→p12）胴は輪切り、げそはぶつ切りにしてAに10分以上つけ込む。
②大根とBを鍋に入れて煮る。
③ひと煮立ちしたら、①をつけ汁ごと入れる。
④ひと煮立ちしたら、火を弱めて5分ほど煮、火を止めてそのまま30分ほどおく。
⑤大根といかがやわらかくなったらできあがり。

☆ここがコツ!
いかをあらかじめ調味料につけて味をしみ込ませておくこと。
いかを入れてからぐつぐつ煮ないこと。
保温効果のある厚手の鍋なら、余熱で充分やわらかく煮えます。

☆ここがコツ!
先にいかを煮ておいて、その煮汁でもち米を炊きます。
いかは加熱しすぎないので、とってもやわらか。

調理時間 5 分
(炊く時間、蒸らす時間を含まず)

もち米を詰めないから、超簡単。

おくぞの流 いかめし

●材料(4人分)

するめいか………2杯
もち米………2カップ
しょうゆ、みりん………各大さじ3
しょうが(すりおろし)……1かけ分

●作り方

①もち米は洗って1時間以上水につけておく。
②いかは下ごしらえをして(→p12)、胴は輪切り、げそはぶつ切りにする。
③しょうゆ、みりん、しょうがを鍋に入れて火にかけ、煮立ったところにいかを入れ、さっと煮る。
④いかに火が通ったら取り出し、煮汁に水(分量外)を足して300ccにする。
⑤水けをきったもち米と④を耐熱容器に入れ、ラップをして8分電子レンジにかける。
⑥一度かき混ぜ再び8分かけ、そのまま10分蒸らす。
⑦最後にいかを戻し入れ、混ぜればできあがり。

☆ここがコツ!
目玉焼きを作って、
その上に生地をのせたらデラックスいか焼き。
もちろん、いかの胴も入れたっていいんです。

調理時間 8 分

大阪のデパ地下の
人気メニュー。

大阪名物いか焼き

●材料(2人分)

いかのげそ………2杯分
A)小麦粉………1カップ
　卵………2個
　水………$\frac{1}{2}$カップ
　塩、こしょう………各適宜
キャベツ(ざく切り)………$\frac{1}{4}$個分
長ねぎ(小口切り)………1本分
ごま油………大さじ1
お好み焼きソース………適宜

●作り方

①Aを混ぜたところに、キャベツとねぎを混ぜる。
②フライパンにごま油を熱して①を流し入れ、上にげそをのせる。
③ひっくり返して、げそがこんがりするまで焼く。
④お好み焼きソースをかけてできあがり。

冷凍いか

調理時間 5 分(つけ込む時間を含まず)

冷凍ロールいかがナイスに変身。

いかのピリ辛漬け

●材料(2人分)

冷凍いか………300g
片栗粉………適宜
A)しょうゆ………大さじ2
ごま油………大さじ1
にんにく(すりおろし)…1かけ分
たかのつめ(輪切り)……1本分
サラダミックス………適宜

●作り方

①いかは半解凍して、食べやすい大きさに切ってビニール袋に入れ、軽く片栗粉をまぶす。
②①をさっとゆでたら、Aに10分以上つける。
③つけ汁ごとサラダミックスと混ぜる。

☆ここがコツ!
片栗粉をまぶしてゆでることで、ドレッシングがからまりやすくなります。
たっぷりの野菜と混ぜるとちょっとおしゃれ。

調理時間 5 分

冷凍いかで韓流気分満点。

いかのコチュジャン炒め

●材料(2人分)

冷凍いか………300g
ごま油………大さじ1
A)みそ………大さじ2
はちみつ………大さじ2
コチュジャン………大さじ1
にんにく(すりおろし)…1かけ分
しょうが(すりおろし)…1かけ分
サラダ菜………適宜

●作り方

①いかは半解凍して、表面に切り込みを入れて食べやすい大きさに切り、ごま油でさっと炒める。
②Aを入れて味をからめる。
③サラダ菜の上に盛る。

☆ここがコツ!
Aの韓国みその材料は、
フライパンの中で混ぜ合わせながら
いかにからめると早い!
好みで酢少々をかけても、
さっぱりします。

調理時間 10 分

お弁当によし、ビールのつまみによし。

いかフライ

●材料(2人分)

冷凍いか………300g
A)卵………1個
小麦粉………大さじ4
水………少々
塩、こしょう………各適宜
しょうが汁………1かけ分
パン粉………適宜
揚げ油………適宜
B)マヨネーズ………大さじ2
ウスターソース………大さじ2

●作り方

①いかは半解凍して、表面に切り込みを入れ、食べやすい大きさに切る。
②ビニール袋に①とAを入れて、もみもみする。
③パン粉をつけて、フライパンに1cmほど油を入れて、揚げる。
④皿に盛り、Bをかける。

☆ここがコツ!
ビニール袋の中で衣づけをすべてやってしまうと楽ですね。
あらかじめ小麦粉と卵をいかにからめてしまうので、
油はねも少ない気がします。

調理時間 5 分

シンプルイズベスト!!

いわしの塩焼き、大根おろしソース

●材料(2人分)

いわし………2尾
酢………大さじ2
A)水………1カップ
　塩………小さじ1
ごま油………大さじ1
B)大根おろし………$\frac{1}{4}$本分くらい
　レモン汁………$\frac{1}{2}$個分
　しょうゆ………大さじ1〜2

●作り方

①いわしは頭と内臓を取り(→p11)、Aの塩水に5分ほどつけ、水けをふいておく。
②フライパンにごま油をよく熱し、①の両面をこんがりと焼く。
③酢を回し入れてふたをし、中まで火を通す。
④取り出してBをかける。

いわし

最近ちょっと不漁気味だとか。
こんなにおいしい魚が不漁だなんて、なんてことなのォ〜!!
※各レシピのいわしは大きいものなら2尾、中くらいのものなら4尾を目安に。

☆ここがコツ!
フライパンを火にかけたら、
煙が出るくらい熱くしてからジュッといわせて魚を入れると、皮がパリッとおいしく焼きあがります。

調理時間 6 分

うなぎなんか目じゃない。

いわしの蒲焼き

●材料(2人分)

いわし………2尾
A)水………1カップ
　塩………小さじ1
小麦粉………適宜
ごま油………大さじ1
しょうゆ、はちみつ……各大さじ2
しょうが(すりおろし)……1かけ分
かいわれ菜………適宜

●作り方

①いわしは手開きにし(→p11)、Aの塩水に5分ほどつける。
②水けをふいてビニール袋に入れ、小麦粉をまぶす。
③フライパンに油を熱して、いわしを両面こんがりと焼く。
④余分な油をキッチンペーパーでふき取ったら、しょうゆ、はちみつ、しょうがを入れてからめる。
⑤器に盛ってかいわれ菜を添える。
＊ご飯にのせてどんぶりにしてもGOOD!

☆ここがコツ!
小麦粉をまぶして焼くとカラリと香ばしく焼けて、たれもうまくからみます。
たれを入れる前に余分な油をふくのをお忘れなく。

調理時間 5 分

つけたはしから、すぐおいしい。

いわしの焼き漬け

●材料(2人分)

いわし………2尾
A)水………1カップ
　塩………小さじ1
ごま油………大さじ1
B)玉ねぎ(薄切り)………1個分
　しょうゆ………大さじ2
　酢………大さじ2
　みりん………大さじ1

●作り方

①いわしは手開きにして(→p11)、Aの塩水に5分ほどつける
②水けをふいて半分に切り、ごま油を熱したフライパンで皮目のほうからこんがり焼く。
③Bを混ぜておく。
④焼きあがったいわしを③につけ、味がなじんだらできあがり。

☆ここがコツ!
先につけ汁を作っておいて、
焼きたて熱々のいわしをジュッといわせてつけ込んでください。
玉ねぎは水にさらさず、いきなりつけ込んでOKです。

調理時間 8 分

お弁当のおかずにもぴったり。

いわしのしょうがみそ焼き

●材料(2人分)

いわし………2尾
A)水………1カップ
　塩………小さじ1
B)みそ………大さじ1
　はちみつ………大さじ1
　しょうが(すりおろし)
　　………1かけ分
ごま油………適宜

●作り方

①いわしは手開きにして(→p11)、Aの塩水に5分ほどつける。
②水けをふいたら、身にBのしょうがみそを塗って、もとの形に戻し、食べやすい大きさに切る。
③ごま油を熱したフライパンでこんがり焼く。

☆ここがコツ!
手開きにして中骨を取ってからみそをはさんで焼くので、
お弁当に入れても食べやすい。
しょうがの香りで魚くささもまったく感じません。

調理時間 8 分

あまった中骨で。

いわしのうしお汁

●材料(2人分)

いわしの中骨………2尾分
A)水………1カップ
　塩………小さじ1
水………3カップ
昆布(細切り)
　………1cm×10cm分
梅干し………2個
塩………適宜
しょうゆ………適宜

●作り方

①いわしの中骨はAの塩水に5分ほどつける。
②鍋に水と昆布、梅干しを入れて火にかけ、沸騰したら、水けをふいたいわしの中骨を入れる。
③再び沸騰したら、火を止めてそのまま5分ほどおく。
④再び火にかけ、塩、しょうゆで味を調えたらできあがり。

☆ここがコツ!
中骨も塩水につけることで、生ぐささが抜けます。
中骨はかならず沸騰しているところに入れ、そのあとは火を止めて
じっくりうまみを引き出してください。梅干しを入れるとさっぱりします。

調理時間 10 分

定番おふくろの味!!

いわしの梅煮

●材料(2人分)

いわし………2尾
A) 水………1カップ
　塩………小さじ1
B) 水………1/2カップ
　酒………1/4カップ
　みりん………1/4カップ
　しょうゆ………1/4カップ
　はちみつ………大さじ2
　梅干し………2個

●作り方

①いわしは頭と内臓を取り(→p11)、Aの塩水に5分ほどつけ、食べやすい大きさに切る。
②フライパンにBを煮立てて、いわしを入れる。
③いわしに煮汁をかけ、表面の色が変わったら、落としぶたをして、強火で煮る。
④いわしに火が通ったら、皿に出して煮汁をかける。
＊4人分の場合も2人分と同じ煮汁の量で煮てください。

☆ここがコツ!
煮汁が煮立ったところにいわしを入れるのがポイントです。
スプーンで煮汁を魚にかけ、
表面にさっと熱が入ってから落としぶたをすると、皮がくっつきません。
7～8分煮て、煮汁がとろりと煮つまったくらいがおいしい。

いわし

調理時間 5 分(焼き時間を含まず)

あっという間にイタリアン。

いわしの粉チーズ焼き

●材料(2人分)

いわし………4尾
A) 水………1カップ
　塩………小さじ1
しょうゆ………大さじ1/2
粒マスタード………大さじ1
粉チーズ………適宜

●作り方

①いわしは手開きにして(→p11)、半分に切る。
②Aの塩水に5分ほどつけたら、しょうゆをまぶして耐熱容器に並べる。
③粒マスタードを塗って粉チーズをたっぷりふる。
④オーブントースターでおいしそうな焼き色がつくまで焼く。

☆ここがコツ!
しょうゆをすこしまぶすことで、香ばしく焼きあがります。
粒マスタードがなければ、マヨネーズでもおいしいです。

調理時間 10 分

魚嫌いも思わず手が出る。

いわしのカレーフライ

●材料(2人分)

いわし………4尾
A) 水………1カップ
　塩………小さじ1
B) 卵………1個
　小麦粉………大さじ4
　にんにく(すりおろし)
　　………1かけ分
　カレー粉………大さじ1
パン粉………1カップくらい
サラダ油………適宜
レモン………適宜

●作り方

①いわしは手開きにして(→p11)、Aの塩水に5分ほどつける。
②水けをふいてビニール袋に入れ、Bも入れて、もみもみする。
③パン粉をつける。
④フライパンに油を2cmほど入れ、焼き揚げにし、好みでレモンを添える。

☆ここがコツ!
小麦粉と卵を
あらかじめ混ぜてからめることで、
ひと手間省略できます。
ここにカレー粉を加えるだけで、
あっという間にカレー味に。

ビニール袋に入れて、いわしに衣をつけているところ(上の写真)。パン粉をつけるときは、袋をはさみで切って広げたその上で。

☆ここがコツ!
小麦粉をつけて焼くことでカリッと焼けます。
ケチャップとチーズを上にかけたあとは、ふたをせず、
自然にチーズが溶けるのを待つほうが、カリカリ感が持続します。

調理時間 7 分

カリッと焼けたいわしにとろ〜りチーズの溶けたしあわせ。

いわしのピザ風

●材料(2人分)

いわし………4尾
A) 水………1カップ
　塩………小さじ1
小麦粉………適宜
オリーブオイル………大さじ1
ケチャップ………大さじ1〜2
溶けるチーズ………たっぷり
青じそ(せん切り)………適宜

●作り方

①いわしは手開きにして(→p11)、Aの塩水に5分ほどつける。
②水けをふいてビニール袋に入れ、小麦粉をまぶす。
③フライパンにオリーブオイルを熱し、両面こんがりと焼く。
④ケチャップを塗り、溶けるチーズをかける。
⑤チーズが溶けたら、青じそを散らしてできあがり。

☆ここがコツ!
おろしにんにくはちょっと焦げやすいので、
火加減はやや弱めの中火くらい。
ガーリックパウダーがあればもっと簡単。
焼きあがったいわしにかけるだけです。

調理時間 7 分

にんにくの香ばしさがあとをひく味わい。

いわしのガーリック焼き

●材料(2人分)

いわし………4尾
A) 水………1カップ
　塩………小さじ1
にんにく(すりおろし)
　………1かけ分
小麦粉………適宜
ごま油………大さじ1
粒こしょう………適宜
パセリ………適宜

●作り方

①いわしは手開きにして(→p11)、Aの塩水に5分ほどつける。
②水けをふいてビニール袋に入れ、にんにくをまぶしてから小麦粉をまぶす。
③フライパンにごま油を熱し、いわしを両面こんがりと焼く。
④器に盛って、好みで粒こしょうをふり、パセリを添える。

調理時間 8 分

焼いて煮るので香ばしい。

いわしのコチュジャン焼き

●材料（2人分）

いわし………4尾
A）水………1カップ
　塩………小さじ1
ごま油………大さじ1
B）水または酒………100cc
　コチュジャン………大さじ1
　みそ………大さじ1
　はちみつ………大さじ1
　にんにく、しょうが（各すりおろし）
　　………各1かけ分
白ごま………大さじ2～3

●作り方

①いわしは頭と内臓を取って（→p11）、Aの塩水に5分ほどつける。
②フライパンにごま油を熱し、いわしを両面こんがりと焼く。
③いったん取り出して、余分な油をふき、Bを入れて煮立てる。
④すこし煮つまったらいわしを戻し入れ、全体にからんだらできあがり。
⑤器に盛って、ごまを散らす。

☆ここがコツ！
焼いてから煮れば、煮魚よりも香ばしく、生ぐささも消えます。
最後に魚が隠れるくらい、ごまをかけることで、さらにおいしくなります。

いわし

☆ここがコツ！
いわしのつみれは手で丸めながら入れてもいいし、スプーンですくって落としてもかまいません。
入れてすぐに触ると崩れてしまうので、全部入ったらふたをして、火が通ってから全体をかき混ぜてください。

調理時間 10 分

お麩入りなので、口の中でとろけるやわらかさ。

いわしのつみれ汁

●材料（2人分）

いわし………4尾
A）麩………20g
　水………大さじ4
　卵………1個
　しょうが汁………1かけ分
　しょうゆ………大さじ1
　片栗粉………大さじ1
水………3カップ
昆布（細切り）……1cm×10cm分
大根（いちょう切り）………200g
にんじん（いちょう切り）
　………小1本分
みそ………大さじ3～4
青ねぎ（小口切り）………適宜

●作り方

①麩は手で細かく砕き、水をふりかけてしっとりさせたらAの残りの材料と混ぜ合わせておく。
②いわしは手開きにして（→p11）、細かくたたき、①を混ぜる。
③鍋に水と昆布、大根、にんじんを入れて煮る。
④野菜がやわらかくなったら②のいわしを食べやすい大きさに丸めながら入れる。
⑤いわしのつみれに火が通ったら、みそを溶き入れ、最後に青ねぎを散らせばできあがり。

うなぎ

関東は背開きして蒸す、
関西は腹から開いて、皮目をこんがり焼く。
とろりとやわらかいもよし、香ばしく焦げた部分もまたよし。

調理時間 3 分

うなぎ入りのにら玉だい!!

うなぎとにらの卵炒め

●材料(2人分)

うなぎの蒲焼き(ざく切り)
　………1〜2尾分
ごま油………大さじ1
卵………2個
にら(ざく切り)………1わ分
塩、こしょう………各適宜
蒲焼きのたれ………適宜

●作り方

①フライパンにごま油を熱し、うなぎを入れて炒める。
②うなぎが温まったら溶き卵を入れて大きく混ぜる。
③卵が半熟に固まったら、にらを入れ、さらに大きく混ぜてできあがり。
④塩、こしょうで味を調えるか、好みで蒲焼きのたれをかける。

☆ここがコツ!
うなぎの量は$\frac{1}{2}$尾でも1尾でも。
炒めている間にうなぎが砕けてばらばらになっても、
それはそれでおいしい。

調理時間 5 分(炊飯の時間、さます時間は含まず)

うな丼に飽きたら。

うなぎずし

●材料(4人分)

うなぎの蒲焼き(ざく切り)
　………1尾分
米………2カップ
水………2カップ
昆布(細切り)
　………1cm×10cm分
A)砂糖………大さじ$1\frac{1}{2}$
　酢………大さじ4
　塩………小さじ1
きゅうり………2本
青じそ(せん切り)………10枚分
粉山椒………適宜

●作り方

①米は洗ったら、昆布を入れてふつうに炊く。
②Aは鍋に入れ、調味料が溶けるまで温め、炊きたてのご飯に混ぜる。
③きゅうりは塩でもんで、薄切りにする。
④ご飯の粗熱がとれたら、うなぎ、きゅうり、青じそを混ぜてできあがり。粉山椒をふる。

☆ここがコツ!
関東のうなぎはやわらかいので、
他の全部の材料を混ぜたすし飯の上に、
うなぎをのせるくらいにすると、きれいにできます。

調理時間 3 分

巻かずに焼くから、う焼き。

おくぞの流う焼き

●材料(2人分)

うなぎの蒲焼き(ざく切り)
　………$\frac{1}{2}$尾分
卵………2個
ごま油………大さじ1
蒲焼きのたれ………適宜
粉山椒………適宜

●作り方

①うなぎを溶き卵と混ぜる。
②フライパンに油を熱して①を一気に入れ、大きく混ぜて焼く。
③ひっくり返して両面がおいしそうに焼けたらできあがり。
④食べやすく切って皿に盛り、好みでたれをかけて粉山椒をふる。

☆ここがコツ!
これならむずかしいことはなにもありません。
ひっくり返すのがたいへんなら、フライパンの中で適当に切って、
それぞれをひっくり返すと簡単ですよ。

えび

ぷりぷりした食感と口の中に広がる甘み。
できたての料理をはふはふしながらほおばれば、
とてもハッピーな気分になります。

調理時間 12 分

まさしくえび100%!!

えびのいきなり餃子

☆ここがコツ！
えびは切り込みを入れることで、
まっすぐになるので巻きやすい。
えびに軽く小麦粉をまぶしておくと、
余分な水分が出ないので
油はねしません。

●材料(2人分)

ブラックタイガー………10尾
A)塩、こしょう………各適宜
　小麦粉………適宜
青じそ………10枚
餃子の皮………10枚
サラダ油………適宜
からし、しょうゆ………各適宜

●作り方

①えびは殻と背わたを取り(→p12)、腹側の繊維を断ち切るように切り込みを入れて、Aをまぶす。
②青じそを巻き、さらに餃子の皮で巻く。
③フライパンに油を熱し、②の両面をカリッと焼く。からしじょうゆで食べる。

調理時間 6 分

冷凍えびでおしゃれなランチ。

小えびとキャベツのカレー炒め

☆ここがコツ！
えびとキャベツに火が通ったら、
カレー粉を入れて炒め、
火を止めてから、
マヨネーズを混ぜます。
マヨネーズは加熱しないほうが
香りが生きます。

●材料(2人分)

小えび(冷凍)………100g
バター………大さじ1
塩、こしょう………各適宜
キャベツ(ざく切り)………1/8個分
カレー粉………小さじ1
マヨネーズ………大さじ2
ロールパン………4個

●作り方

①フライパンにバターを熱して、えびを凍ったまま炒める。
②塩、こしょうで味を調えたら、キャベツを入れて炒める。
③カレー粉を入れてひと混ぜしたら火を止めて、マヨネーズを混ぜ、パンにはさんでできあがり。

調理時間 3 分（炊飯の時間を含まず）

さめてもおいしい。

えびの炊き込みピラフ

●材料（4人分）

小えび（冷凍）
………1袋（250gくらい）
米………2カップ
バター………大さじ2
水………2カップ
塩………小さじ1
昆布（細切り）
………1cm×10cm分
冷凍コーン………1/2カップ

●作り方

①米は洗って、ざるに上げる。
②フライパンにバターの半量を熱して、えびを凍ったまま炒め、水けをきった米も入れて炒める。
③②を炊飯器の内釜に移し、分量の水、塩、昆布を入れてふつうに炊く。
④炊きあがったら、冷凍コーンと残りのバターを混ぜてできあがり。

☆ここがコツ!
炊きあがってから、バターを入れることで風味が生きます。
もし食べ残したら、チーズをかけてドリアにしてもおいしい。

調理時間 9 分

ぷりぷりホクホクとろとろ!!

えびとじゃがいものチーズ焼き

●材料（2人分）

ブラックタイガー………8尾
じゃがいも………2個
バター………大さじ1
塩、こしょう………各適宜
マヨネーズ………大さじ2
溶けるチーズ………適宜

●作り方

①えびは殻と背わたを取り、横2つに切っておく（→p12）。
②じゃがいもは1cm厚さくらいのいちょう切りにし、水にさらす。
③フライパンにバターを熱してじゃがいもをさっと炒めたら、ふたをして蒸し焼きにする。
④じゃがいもがやわらかくなったら、塩、こしょうで下味をつけた①のえびを上にのせ、再びふたをして蒸し焼きにする。
⑤えびに火が通ったら、マヨネーズをさっとからめ、溶けるチーズをかけてふたをし、チーズが溶けたらできあがり。

☆ここがコツ!
じゃがいもに火が通ってから
えびを入れると、
ちょうどいい火の通り具合に
仕上がります。
チーズの量はお好みで。

調理時間 3 分

えび好きにはたまりません。

えびの中華蒸し

●材料（2人分）

ブラックタイガー………10尾
塩、こしょう………各適宜
ごま油………適宜
長ねぎ（斜めせん切り）
………1本分
しょうが（細切り）………1かけ分
酒………大さじ2
A）しょうゆ………大さじ2
　ごま油………大さじ1
レモン汁………適宜

●作り方

①えびの背にキッチンばさみで殻ごと切り込みを入れ、塩、こしょうをふる。
②フライパンにごま油を熱し、①を入れ、その上にねぎとしょうがを散らして、酒をふりかけてふたをする。
③えびに火が通ったら皿に取り出し、Aと好みでレモン汁をかける。

☆ここがコツ!
殻ごと蒸し焼きにすることで、えびの旨みが逃げません。
最初にキッチンばさみで切り込みを入れておくと、
食べるときに殻がスルリとむけます。

調理時間 7 分

大人気のエスニックメニューを手軽に。

えびのタイ風サラダ

●材料（2人分）

ブラックタイガー………10尾
春雨………50g
ごま油………大さじ1
にんにく、しょうが（各すりおろし）
………各1かけ分
玉ねぎ（薄切り）………1個分
水………100cc
ナンプラー………大さじ2
レモン汁………1個分
みつば（ざく切り）………適宜

●作り方

①春雨は半分に切り、水（分量外）につけておく。
②えびは殻と背わたを取って、横2つに切る（→p12）。
③フライパンにごま油を熱し、にんにくとしょうがを入れて火にかける。
④いい香りがしてきたら玉ねぎも入れて炒める。
⑤中央をあけて、水と春雨を入れてふたをする。
⑥2～3分蒸し焼きにしたら、②のえびを加えて再び蒸し焼き。
⑦えびの色が変わったら、ナンプラーとレモン汁で味を調え、みつばを加える。

☆ここがコツ！
春雨は緑豆春雨を使えば、水につけるだけですぐに加熱することができます。
えびは最後に加えることで、グッドな蒸し加減が失敗なくできます。
好みで粉唐辛子をふっても。

えび

☆ここがコツ！
トマトをすりおろしながら加えることで、すぐにとろりとしたソースができます。
えびは最後にさっと加熱すると香りとぷりぷり感がいきます。

調理時間 5 分

食べたくなったらすぐできる。

えびカレー

●材料（2人分）

ブラックタイガー………10尾
オリーブオイル………大さじ1
玉ねぎ（薄切り）………1個分
にんにく………1かけ
小麦粉………大さじ1
カレー粉………大さじ1
トマト………3個
A）みりん………大さじ1
塩、こしょう、しょうゆ
………各適宜
ご飯………茶碗2杯分

●作り方

①えびは殻と背わたを取って、横2つに切り（→p12）、塩、こしょうしておく。
②フライパンにオリーブオイルを熱して、玉ねぎを炒める。
③にんにくをすりおろしながら加えて炒めたら、小麦粉とカレー粉を入れて炒める。
④トマトをすりおろしながら入れて、ふたをして煮る。
⑤①のえびを入れてふたをし、えびに火が通ったら、Aで味を調える。
⑥ご飯にかけてできあがり。

調理時間 5 分

たっぷりのチーズをからめながらどうぞ。

えびとブロッコリーのチーズ焼き

●材料（2人分）

小えび（冷凍）………250g
オリーブオイル………大さじ1
にんにく（すりおろし）……1かけ分
ブロッコリー………1株
塩、こしょう………各適宜
溶けるチーズ………50〜60g

●作り方

①オリーブオイルとにんにくをフライパンに入れて火にかけ、いい香りがしてきたら、えびを凍ったまま入れて炒める。
②ざっと油がまわったら、小房に分けたブロッコリーも入れてふたをする。
③ブロッコリーに火が通ったら、塩、こしょうをし、溶けるチーズをかけて再びふたをしてチーズが溶けたらできあがり。

フライパンにぴったり合うふたを使ってください。

☆ここがコツ!
ブラックタイガーのようなえびでやると、メインおかずにもなります。
ブロッコリーの蒸し加減は、こりこりしてても、すごくやわらかくても、どちらもおいしい。

☆ここがコツ!
かならず殻つきのえびで作ってください。むきえびや冷凍えびではおいしくできません。
えびがきれいな赤い色になり、餃子が湯の中で浮かんできたら、ゆであがりです。
ゆでたて熱々を食べてくださいね。

調理時間 13 分

えびの香りいっぱいのぷりぷり餃子。

えびの水餃子

●材料（2人分）

ブラックタイガー………300g
塩、こしょう………各適宜
しょうが汁………1かけ分
片栗粉………大さじ1
長ねぎ（みじん切り）………1本分
餃子の皮………1袋
A）しょうゆ、ラー油………各適宜

●作り方

①えびは殻と背わたを取って（→p12）、粗くたたく。
②①のえび、塩、こしょう、しょうが汁、片栗粉、ねぎを混ぜる。
③②を餃子の皮に包んでゆでる。
④Aでたれを作って添えればできあがり。

調理時間 4 分

ごちそうランチにもなる。

えびとセロリのエスニック炒め

●材料（2人分）
ブラックタイガー………8尾
ごま油………大さじ1
にんにく（つぶす）………1かけ分
塩、こしょう………各適宜
セロリ（斜め厚切り）………2本分
ナンプラー………適宜
ご飯………茶碗2杯分
セロリの葉………適宜

●作り方
①えびは殻と背わたを取って、横2つに切る（→p12）。
②フライパンにごま油を熱してにんにくを入れ、香りが出たら、えびを炒め、塩、こしょうで下味をつける。
③色が変わったら、セロリも炒める。
④塩、こしょう、ナンプラーで味を調える。
⑤皿にご飯と④を盛り、セロリの葉を飾る。

☆ここがコツ！
ナンプラーは意外としょっぱいので、加減を見ながら少しずつ入れてください。
ナンプラーがないときはしょうゆでも。

調理時間 5 分

レモンをキュッとしぼって。

えびとレタスのエスニックチャーハン

●材料（2人分）
小えび（冷凍）………100g
ごま油………大さじ1
長ねぎ（みじん切り）………1本分
塩、こしょう………各適宜
卵………1個
ご飯………茶碗2杯分
ナンプラー………適宜
レタス（ざく切り）………$\frac{1}{4}$玉分
レモン………適宜

●作り方
①フライパンにごま油とねぎを入れて火にかけ、いい香りがしてきたら、えびを凍ったまま入れて炒める。
②塩、こしょうで味を調えたら、溶き卵を入れ、卵が固まる前にご飯を入れて炒める。
③ご飯がパラリとなったら、ナンプラーで味を調える。
④最後にレタスを入れて、ひと混ぜしたらできあがり。皿に盛り、レモンを添える。

☆ここがコツ！
レタスを入れたらさっと混ぜるくらいでOK。余熱でもどんどん火が入り、くたっとなってくるので、シャキッとしているくらいでお皿に取り出して。

調理時間 4 分

えび+天かす=おなかで天丼。

うそのえび天丼

●材料(2人分)
小えび(冷凍)………100g
水………100cc
A) しょうゆ………大さじ2
みりん………大さじ2
玉ねぎ(薄切り)………$\frac{1}{2}$個分
卵………2個
天かす………適宜
ご飯………茶碗2杯分
みつば(ざく切り)………適宜

●作り方
①フライパンに水とAと玉ねぎを入れて火にかけ、ふたをして煮る。
②玉ねぎがくたっとなったら、えびを凍ったまま入れる。
③えびに火が通ったら、溶き卵を回し入れる。
④卵が半熟になったら、天かすを散らして、ご飯にのせてみつばを散らす。

☆ここがコツ!
天かすは関東風にいうと揚げ玉のこと。
くたっと煮えたのが好きな人はえびといっしょに入れ、
さくっとしたのが好きな人は卵でとじたあとに入れてね。

調理時間 5 分

ヒットの予感あり。マヨ焼きそば!!

えびとキャベツのマヨ焼きそば

●材料(2人分)
小えび(冷凍)
………1袋(250gくらい)
ごま油………大さじ1
長ねぎ(みじん切り)………$\frac{1}{2}$本分
キャベツ(ざく切り)………$\frac{1}{2}$個分
塩、こしょう………各少々
焼きそば………2玉
マヨネーズ………大さじ2〜3

●作り方
①フライパンにごま油とねぎを入れて火にかけ、いい香りがしてきたら、えびを凍ったまま入れる。
②キャベツを入れて塩、こしょうで味をつける。
③焼きそばを入れてさらに炒め、最後にマヨネーズを入れ、皿に盛る。

☆ここがコツ!
マヨネーズは最後に加え、加熱しすぎないほうがおいしいです。
こしょうはできれば粒のものをガリガリひいて。

えび

調理時間 8 分

えびの旨みたっぷりのスープがうまい。

えびの汁ビーフン

●材料(2人分)
小えび(冷凍)………200g
ビーフン………150g
水………3カップ
昆布(細切り)
………1cm×10cm分
ナンプラー………大さじ3
もやし………$\frac{1}{2}$袋
みつば(ざく切り)………適宜
レモン汁………適宜

●作り方
①ビーフンは水(分量外)につけておく。
②水と昆布を鍋に入れて火にかけ、沸騰したら、えびを凍ったまま入れてゆでる。
③えびに火が通ったら、ナンプラーを加えて味を調える。
④③に①のビーフンを入れる。
⑤ビーフンがくたっとなったら、もやしも入れ、すぐに器に盛る。みつばを散らし、レモン汁をかける。

☆ここがコツ!
ビーフンは水につけてから煮ると、ゆですぎる心配がありません。
えびはブラックタイガーなどの大きなものを使えば、さらにいいだしが出て、味が深まります。

かき

生食用のかきって、生で食べられるように
殺菌処理がしてあるんだって。
だから加熱料理には、加熱用のかきを使うほうが絶対うまい!!

☆ここがコツ!
殻の端から薄いナイフを差し込んで
貝柱だけ切っておくと
きれいに口を開けます。
オーブンやグリルで焼くのもよいですが、
フライパンでも手軽にできます。

調理時間 5 分

季節に一度は食べたい。

かきのフライパン殻焼き

●材料(2人分)

殻つきかき………6個
A)ケチャップ………大さじ2
　レモン汁………1/2個分
　タバスコ………適宜
B)ポン酢、または、すだちとしょうゆ
　………適宜
レモン………1/2個

●作り方

①かきは殻つきのまま熱したフライパンに並べ、ふたをして蒸し焼きにする。
②かきの口が開いたら取り出し、レモンを添える。AとBの好みのたれで食べる。

調理時間 4 分

かき好きにおすすめの一品。

かきの熱々ソースがけ

●材料(2人分)

かき(加熱用むき身)………200g
A)水………1カップ
　塩………小さじ1
酒………50cc
長ねぎ(せん切り)………1/2本分
しょうが(せん切り)………1かけ分
しょうゆ………大さじ2
ごま油………適宜

●作り方

①かきはAの塩水で洗って水けをふく。
②フライパンにかきと酒を入れて、ふたをして蒸す。
③さっとゆでて皿に並べ、上にねぎとしょうがをのせる。
④しょうゆをかける。
⑤ごま油を熱して、熱々を上からかけてできあがり。

☆ここがコツ!
かきは身がぷっくりなったところがベストの蒸し加減。
ねぎとしょうがの上から熱々のごま油をかけることで、風味と香ばしさをプラス。

☆ここがコツ!
あらかじめ卵と小麦粉を混ぜた衣をからめてからパン粉をつけると、とっても簡単です。
ソースは好みでタルタルソースにしても。

調理時間 13 分

かきといえば、なんといってもこれ!!

かきフライ

●材料(2人分)
かき(加熱用むき身)………200g
A)水………1カップ
　塩………小さじ1
B)卵………1個
　小麦粉………大さじ4〜5
パン粉………適宜
揚げ油………適宜
キャベツ(せん切り)………適宜
レモン………適宜
ウスターソース………適宜

●作り方
①かきはAの塩水で洗い、水けをふいておく。
②ビニール袋に①とBを入れ、かきにからめたあと、パン粉をつける。
③フライパンに1cmほど油を入れて、焼き揚げにする。
④キャベツ、好みでレモンといっしょに皿に盛り、ソースを添える。

☆ここがコツ!
卵を入れると豆板醤の辛さが少しマイルドになります。
沸騰しているところに卵を入れたら、好みのかたさになるまでそのまま触らずに待つのがきれいに仕上げるコツ。

調理時間 5 分

えびチリならぬ、かきチリ。

かきと卵のチリソース炒め

●材料(2人分)
かき(加熱用むき身)………200g
A)水………1カップ
　塩………小さじ1
片栗粉………大さじ2〜3
ごま油………大さじ1
豆板醤………小さじ1/2
玉ねぎ(薄切り)………1/2個分
トマト………2個
しょうが………1かけ
B)しょうゆ………大さじ1〜2
　塩、こしょう………各適宜
卵………2個

●作り方
①かきはAの塩水で洗って水けをふき、片栗粉をまぶしておく。
②フライパンにごま油と豆板醤を入れて火にかけ、いい香りがしてきたら、玉ねぎを炒める。
③玉ねぎがくたっとなったら、トマトをすりおろしながら入れ、しょうがもすりおろしながら入れる。
④かきを入れて、ふたをして煮る。
⑤かきがぷっくりと膨らんできたら、Bで味を調える。
⑥最後に、溶き卵を回し入れてできあがり。

調理時間 5 分(焼く時間を含まず)

パーティーメニューにもぴったり。

かきグラタン

●材料(2人分)
かき(加熱用むき身)………200g
A)水………1カップ
　塩………小さじ1
バター………大さじ1
長ねぎ(小口切り)………1本分
小麦粉………大さじ1
牛乳………1カップ
塩、こしょう………各適宜
ブロッコリー(小房に分ける)
………1/2株分
粉チーズ………適宜

☆ここがコツ!
ホワイトソースに生のかきと生のブロッコリーを入れたらさっと加熱して容器に移してください。オーブントースターで焼くあいだに、ちょうどよくなるはずです。

●作り方
①かきはAの塩水で洗って、水けをふいておく。
②フライパンにバターを入れて火にかけ、ねぎを炒める。
③小麦粉をふり入れ、粉っぽいところがなくなったら牛乳を入れる。
④とろりとなるまで混ぜながら加熱する。
⑤塩、こしょうで味を調えたら、ブロッコリーとかきを入れてさっと火を通す。
⑥耐熱容器に移して、粉チーズをたっぷりかける。
⑦焦げ色がつくまでオーブントースターで焼けばできあがり。

調理時間 8 分

もちもちの生地が
あとをひく。

かきのペッタンコ焼き

●材料(2人分)
かき(加熱用むき身)………200g
A) 水………1カップ
　塩………小さじ1
B) じゃがいも(すりおろし)
　………2個分
　マヨネーズ………大さじ1
　卵………2個
　塩、こしょう………各適宜
　にら(ざく切り)………1わ分
ごま油………大さじ2
酢、しょうゆ、粉唐辛子
　………各適宜

●作り方
①かきはAの塩水で洗って、水けをふく。
②Bの材料を混ぜる。
③かきも入れて混ぜたら、ごま油を熱したフライパンにスプーンで落としながら入れる。
④両面こんがり焼けたら皿に取り出す。
⑤好みで粉唐辛子入りの酢じょうゆを添える。

☆ここがコツ!
じゃがいもはすりおろして時間が経つと変色しますが食べられます。
つけだれは、お好み焼きソースでもおいしいです。

調理時間 4 分(炊飯の時間、蒸らす時間を含まず)

ふっくらぷりぷりの
かきがたっぷり。

かきご飯

●材料(4人分)
かき(加熱用むき身)………200g
米………2カップ
A) 水………1カップ
　塩………小さじ1
B) しょうゆ………大さじ2
　しょうが汁………1かけ分
　酒………大さじ2
水+かきの煮汁………2カップ

●作り方
①米は洗い、水につけておく。
②かきはAの塩水で洗って、水けをふいておく。
③Bを鍋に入れて火にかけ、沸騰したらかきを入れてさっと煮る。ざるでこし、煮汁とかきに分ける。
④煮汁(2カップ分。足りないときは水を足す)と水けをきった米を土鍋に入れ、ふたをして強火にかける。
⑤沸騰したら弱火にして5分、最後に火を強めてから火を消して20分蒸らす。
⑥かきを戻し入れて、再び2〜3分蒸らし、全体に混ぜればできあがり。

☆ここがコツ!
かきをあらかじめ煮ておいて、
あとから戻し入れるやり方だと、
かきの身がやせて小さくなってしまうことがありません。

かき

調理時間 1 分
（焼き時間を含まず）

おもてなし料理にもなる。

かじきの
ゆずこしょう焼き

●材料（2人分）
かじき………2切れ
ゆずこしょう………適宜
大根おろし、しょうゆ………各適宜

●作り方
①かじきにゆずこしょうを塗って、グリルで焼く。
②大根おろし、しょうゆを添える。

☆ここがコツ！
ゆずこしょうは九州の特産品で、青ゆずと唐辛子を混ぜた調味料です。
ものによってはすごくしょっぱかったり、すごくピリピリしたり、といろいろです。
加減を見ながら塗り、塩けが足りなければ食べるときにしょうゆをかけても。

かじき

西日本ではあまりなじみがないけれど、
ぶりの切り身を使えば同じように料理ができます。
骨がないので、魚嫌いの子どもにおすすめです。

調理時間 10 分

カレーよりもうんとやさしい味。

かじきのカレークリーム煮

●材料（2人分）
かじき………2切れ
A）塩、こしょう、小麦粉、カレー粉
　………各適宜
バター………大さじ2
玉ねぎ（薄切り）………1個分
小麦粉………大さじ2
カレー粉………大さじ1
牛乳………2カップ
じゃがいも（薄切り）………1個分
にんじん（薄切り）………$\frac{1}{2}$本分
ご飯………茶碗2杯分
パセリ（みじん切り）………適宜

●作り方
①かじきは一口大に切り、ビニール袋に入れてAをまぶす。フライパンにバターの半量を熱し、かじきを炒め、全体にこんがり焼けたら、一度取り出す。
②あいたフライパンに残りのバターを入れて玉ねぎを炒めたら、小麦粉、カレー粉を入れてさらに炒める。
③粉っぽくなくなったら牛乳を入れ、じゃがいもとにんじんも入れ、時々かき混ぜながら煮る。
④野菜がやわらかくなってきたら味をみて、足りないようなら好みでカレー粉（分量外）を加え、最後にかじきを戻し入れる。
⑤ひと煮立ちしたら、ご飯の上にかける。あればパセリをふる。

☆ここがコツ！
焼いたかじきを一度取り出し、ソースができてから戻し入れます。
一見めんどうくさい感じがしますが、
そのほうがかじきが煮崩れず、しっとりおいしくできます。

調理時間 6 分

バタープラスで脱ワンパターン。

かじきのバター風味の照り焼き

●材料(2人分)

かじき………2切れ
A)塩、こしょう、小麦粉
………各適宜
サラダ油………大さじ1
B)しょうゆ………大さじ2
はちみつ………大さじ2
バター………大さじ1
しめじ………適宜

●作り方

①かじきはビニール袋に入れて、Aをまぶす。
②フライパンに油を熱し、①を両面こんがり焼く。
③余分な油をキッチンペーパーで吸い取ったら、Bを入れて一気にからめる。
④火を止めてバターを入れ、余熱で溶かしてからめ、皿に盛り、たれをかける。
⑤あいたフライパンに小房に分けたしめじを入れ、水少々(分量外)を入れたら、ふたをして蒸し焼きにする。
⑥しめじがくたっとなったら取り出して、④に添える。

☆ここがコツ!
最初はサラダ油で焼いてふつうの照り焼きを作り、
最後にバターを加えることで風味がいきます。

かじき

調理時間 8 分

手でつまんで食べる楽しさ。

かじきのベーコン焼き

●材料(2人分)

かじき………2切れ
塩、こしょう………各適宜
ベーコン………8〜10枚くらい
オリーブオイル………適宜
粒こしょう………たっぷり

●作り方

①かじきは食べやすい大きさに切って、塩、こしょうする。
②ベーコンで巻いて楊枝でとめる。
③フライパンにオリーブオイルを熱して、②をこんがり焼き、粒こしょうをたっぷりかけて、できあがり。

☆ここがコツ!
粒こしょうをひいて使うと香りがいいです。
お弁当には照り焼きのたれや
ケチャップをからめるとおいしいです。

調理時間 8 分

いつものかじきがイタリアンに!

かじきのトマト煮

●材料(2人分)

かじき………2切れ
A)塩、こしょう、小麦粉
………各適宜
オリーブオイル………大さじ1強
玉ねぎ(薄切り)………1個分
にんにく………1かけ
トマト………2個
塩、こしょう………各適宜
しょうゆ………適宜
青じそ(せん切り)………10枚分

●作り方

①かじきはビニール袋に入れてAをまぶす。
②フライパンにオリーブオイル大さじ1を熱して、①を両面こんがりと焼く。
③オリーブオイルを少し足して玉ねぎを炒めたら、にんにくとトマトをすりおろしながら入れる。
④塩、こしょう、しょうゆで味を調えて、青じそをふってできあがり。

☆ここがコツ!
トマトは、缶詰の水煮でもかまいませんが、生のトマトを使ったほうがフレッシュな味になります。

調理時間 7 分

粉チーズ入りの衣で。

かじきのピカタ

●材料(2人分)

かじき………2切れ
塩、こしょう………各適宜
小麦粉………大さじ4
粉チーズ………適宜
卵………1個
サラダ油………適宜
ケチャップ、タバスコ………各適宜
サラダ菜………適宜

●作り方

①かじきは食べやすい大きさに切って、ビニール袋に入れ、塩、こしょう、小麦粉を全体にまぶしたら、粉チーズと卵も入れてからめる。
②フライパンに油を熱して、①を入れて焦がさないように両面焼く。
③皿に盛り、好みでタバスコの入ったケチャップをかけて、サラダ菜を飾る。

☆ここがコツ!
衣に粉チーズを加えることで、こくのある味になります。
チーズのかわりに青ねぎの小口切りやごまなどを加えると和風ピカタになります。

調理時間 6 分

コリアンなマヨネーズソースがうまい。

かじきのコチュジャンマヨネーズ

●材料(2人分)

かじき………2切れ
塩、こしょう………各適宜
ごま油………大さじ1
もやし………1袋
にら(ざく切り)………1わ分
粒こしょう………適宜
A)マヨネーズ………大さじ3
コチュジャン………大さじ1
にんにく(すりおろし)
………1かけ分

●作り方

①かじきは半分に切って、塩、こしょうする。
②フライパンにごま油の半量を熱して、もやし、にらをさっと炒め、皿に取り出す。
③あいたフライパンに残りのごま油を入れて、①を焼き、②の上に盛る。
④こしょうをふり、Aのソースをかけてできあがり。

☆ここがコツ!
コチュジャンマヨネーズは野菜にも合うので、たっぷりの野菜といっしょに食べるといいですね。
好みで粉唐辛子をすこし足してもイケます。

調理時間 7 分

フライパンで焼けば超簡単&超ウマ!!

かつおのたたき

●材料(2人分)

かつお(刺身用)………1さく
玉ねぎ(薄切り)………1個分
A)しょうゆ………大さじ2
　酢………大さじ2
　みりん………大さじ1
ごま油………大さじ1
プチトマト(乱切り)………適宜
青じそ(せん切り)………10枚分

●作り方

①玉ねぎをAにつけ込む。
②フライパンにごま油を熱して、かつおの表面をジュッと焼いて焦げ色をつけ、すぐに氷水にとる。
③粗熱がとれたら食べやすい大きさに切る。皿につけ汁ごと盛った①の上におき、プチトマトを散らし、青じそをのせる。

☆ここがコツ!
フライパンを熱くしておいて、
かつおの皮目のところから焼きはじめてください。
串を刺して焼くより、フライパンでじかに焼くほうが
香ばしくおいしく仕上がります。

かつお

かつおは暖海性の回遊魚。九州から北上する第一陣が初がつお、
三陸沖で折り返したのが戻りがつお。
あっさりとこってり、どちらもうまい!!

調理時間 2 分
(つけ込む時間を含まず)

しょうが風味がかなりイカす。

かつおのづけ

●材料(2人分)

かつお(刺身用)………1さく
A)しょうゆ、酢………各$\frac{1}{4}$カップ
　しょうが(すりおろし)
　………1かけ分
青ねぎ(小口切り)………適宜

●作り方

①かつおは一口大に切ってAに5分以上つける。
②器に盛り、青ねぎをふる。

☆ここがコツ!
ご飯にのせてどんぶりにしてもよし、
お湯をかけてお茶漬けにしてもよし。
刺身よりもうまい!!

調理時間 3 分(つけ込む時間を含まず)

たっぷりの野菜と食べたい。

かつおのピリ辛焼き

●材料(2人分)

かつお(刺身用)………1さく
しょうゆ、みりん………各大さじ2
にんにく(すりおろし)
………1かけ分
ごま油………大さじ1
豆板醤………小さじ½
レタス………適宜

●作り方

①かつおは一口大に切って、しょうゆ、みりん、にんにくを混ぜたたれに5分以上つけ込む。
②フライパンにごま油、豆板醤を入れて火にかけ、いい香りがしてきたら、①のかつおを入れてさっと焼く。
③①のつけ汁を回しかけたら、できあがり。手でちぎったレタスの上に盛りつける。

☆ここがコツ!
刺身用のかつおを使えば、さっとレアで焼いてもおいしいものです。
しっかり火を通してお弁当のおかずにしても。

調理時間 3 分

佃煮よりずっとあっさり。

かつおのさっと煮

●材料(2人分)

かつお(刺身用)………1さく
A)しょうゆ………大さじ2
はちみつ………大さじ2
酒………大さじ4
しょうが(せん切り)
………1かけ分
針しょうが(飾り用)………適宜

●作り方

①かつおは薄切りにする。
②Aを煮立てて、かつおを入れ、ふたをして強火で煮る。
③かつおに火が通ったら、ふたをとって煮汁をからめてできあがり。
④仕上げにしょうがを盛る。

☆ここがコツ!
食べ残した刺身をこんなふうにリメイクしておくのもいいですね。
しょうがをたっぷり入れるとおいしいのです。

調理時間 10 分

にんにくじょうゆ味は永遠のごちそうです。

かつおの竜田揚げ

●材料(2人分)

かつお(刺身用)………1さく
しょうゆ………大さじ1
にんにく(すりおろし)……1かけ分
片栗粉………適量
揚げ油………適量

●作り方

①かつおは一口大に切ってビニール袋に入れ、しょうゆとにんにくをよくもみこむ。
②片栗粉をまぶす。
③フライパンに1cmほど油を入れて、②を揚げる。

☆ここがコツ!
さめてもおいしいので、お弁当にも。
食べ残した刺身をつけ込んでおいて、次の日に揚げるのもいい!

調理時間 5 分（つけ込む時間、炊飯の時間を含まず）

三重県の郷土料理を手軽に。

かつおの手こねずし

●材料（4人分）

かつお（刺身用）………1さく
A）しょうゆ………大さじ2
　みりん………大さじ2
　しょうが（すりおろし）
　　………1かけ分
米………2カップ
水………2カップ
昆布（細切り）……1cm×10cm分
B）酢………大さじ4
　砂糖………大さじ2
　塩………小さじ1

●作り方

①かつおは一口大に切ってAに10分以上つけ込む。
②米は洗い、水と昆布を入れて炊く。
③Bの合わせ酢を鍋に入れて火にかけ、熱くなったら、炊き上がったご飯に混ぜる。
④③の粗熱がさめたら、かつおをつけ汁ごと混ぜてできあがり。

☆ここがコツ!
ちょっと甘めのたれにつけ込むのがポイント。
他の材料を入れず、シンプルに作ったほうがおいしい。

かつお

調理時間 6 分

オリーブオイルとチーズでちょっぴりイタリアン!?

かつおのチーズ焼き

●材料（2人分）

かつお（刺身用）………1さく
しょうゆ………大さじ1
にんにく（すりおろし）……1かけ分
オリーブオイル………大さじ1
溶けるチーズ………たっぷり
青じそ（せん切り）………10枚分

●作り方

①かつおは一口大に切り、ビニール袋に入れて、しょうゆとにんにくをからめる。
②フライパンにオリーブオイルを熱し、かつおをさっと焼いたら、チーズをふり、ふたをして蒸し焼きにする。
③チーズがとろりと溶けたら、青じそを散らしてできあがり。

☆ここがコツ!
しょうゆをからめてから焼くので
香ばしさが増します。
チーズが溶けたら、熱々のうちにどうぞ。

調理時間 10 分

ご飯がもりもり食べられる。

かれいの煮つけ

●材料（2人分）

かれい………2切れ
A）水………1/2カップ
　酒………1/4カップ
　みりん………1/4カップ
　しょうゆ………1/4カップ
　はちみつ………大さじ2
　しょうが（薄切り）………1かけ分
長ねぎ（斜め切り）………1本分

●作り方

①フライパンにAを煮立ててかれいを入れる。
②かれいの表面に煮汁をかけ、表面の色が変わったら、落としぶたをして、強火で煮る。
③煮汁がとろりと煮つまったら、皿に取り出して煮汁をかける。
④あいたフライパンにねぎを入れ、ふたをして蒸し焼きにする。
⑤ねぎがくたっとなったら味をみて、足らないようならしょうゆとはちみつ（各分量外）で味を調えて魚の横に添える。
＊4人分の場合も2人分と同じ煮汁の量で煮てください。

☆ここがコツ!
魚は、かならず煮汁が煮立ったところに入れる、
ここが最大のポイント。
煮汁をスプーンで表面にかけてから、落としぶたをしてください。

かれい

左ひらめに右かれい。目のある側を上にしたとき、
頭の位置がどちら向きかで見分ける方法。
でもね、切り身にしたら、区別つかないかも……。

調理時間 8 分

魚の旨みをたっぷり吸ったきのこがうまい。

かれいのきのこ煮

●材料（2人分）

かれい………2切れ
A）水………1カップ
　みりん………大さじ2
　しょうゆ………大さじ2
　しょうが（薄切り）……1かけ分
きのこ（しめじなど）
　………2パックくらい
かぼすまたはすだち（好みで）
　………適宜

●作り方

①Aを煮立ててかれいを入れる。
②表面に煮汁をかけ、表面の色が変わったら、落としぶたをして、強火で煮る。
③煮汁がとろりと煮つまったら、皿に取り出し、煮汁にきのこを入れてさっと煮る。好みでかぼすかすだちをしぼる。
＊4人分の場合も2人分と同じ煮汁の量で煮てください。

☆ここがコツ!
かれいを先に煮て、その煮汁できのこを煮るのがポイント。
最初から全部いっしょに煮ると、魚もきのこも味がぼけます。

調理時間 10 分

煮魚をさっぱり食べたいときに。

かれいの梅じそ煮

●材料（2人分）

かれい………2切れ
A）水………1カップ
　酒………1/2カップ
　はちみつ………大さじ2
　みりん………大さじ2
　しょうゆ………大さじ4
　しょうが………1かけ
　梅干し………2個
青じそ（せん切り）………20枚分

●作り方

①Aを煮立ててかれいを入れる。
②表面に煮汁をかけ、表面の色が変わったら、落としぶたをして、強火で煮る。
③煮汁がとろりと煮つまったら、皿に取り出して煮汁をかけ、青じそをのせる。
＊4人分の場合も2人分と同じ煮汁の量で煮てください。

☆ここがコツ!
梅干しは大きさや塩分によって入れる数を加減してください。
できれば、昔ながらのすっぱい梅干しがおいしいですね。

きす

漢字で書くと鱚。英語で書くとKISS……これは冗談。
でもなんとなくめでたい気分になるのか、
昔からのお祝いの席に使われているのはホント。

調理時間 10 分

小さいきすを大きく料理!!

きすせんべい

●材料(2人分)
きすの開き………4尾
塩、こしょう………各適宜
片栗粉………適宜
揚げ油………適宜

●作り方
①きすはラップにはさんで麺棒でたたき、平たくのばす。
②ビニール袋に入れ、塩、こしょう、片栗粉をまぶす。
③フライパンに1cmほど油を入れて、カラリと揚げる。

☆ここがコツ!
ラップにはさんでたたくことで、
くっつかずにのばすことができます。
薄くのばしたほうがカリッと揚がります。

調理時間 10 分

まるごと入ったきすがリッチな味わい。

きすとみつばのお焼き

●材料(2人分)
きすの開き………4尾
A)小麦粉………1カップ
　卵………2個
　牛乳………50cc
　塩………少々
みつば(ざく切り)………1わ分
小麦粉………適宜
ごま油………大さじ1～2
ポン酢(好みで)………適宜

●作り方
①ボウルにAを混ぜ、みつばも混ぜる。
②きすは軽く小麦粉をまぶしておく。
③フライパンにごま油を熱して①を食べやすい大きさに流し入れたら、上にきすをのせる。
④ひっくり返して、きすがこんがり色づくまで焼けたらできあがり。
⑤好みで、ポン酢をかける。
＊みつばのかわりに、長ねぎでも。

☆ここがコツ!
きすにあらかじめ小麦粉をまぶしておくことで生地がうまくつき、またカリッと香ばしく焼けます。

調理時間 4 分(焼く時間を含まず)

フライよりもずっと簡単。

きすのチーズマヨネーズ焼き

●材料(2人分)
きすの開き………8尾
マヨネーズ………大さじ3～4
プロセスチーズ………40gくらい
パン粉………適宜

●作り方
①きすをビニール袋に入れ、両面にマヨネーズをからめ、パン粉をまぶす。
②チーズをはさんで巻く。
③耐熱皿に並べ、オーブントースターで焦げ色がつくまで焼く。

☆ここがコツ!
マヨネーズをからめたところにパン粉を入れて、袋の底を
トントンとたたく感じで、パン粉をまぶしつけるとうまくいきます。

調理時間 5 分
（つけ込む時間を含まず）

フライパンで焼いて
つけるだけ。

さけの柚庵漬け

●材料（2人分）
生さけ………2切れ
塩、こしょう………各適宜
ごま油………大さじ1
A）しょうゆ………大さじ2
　酢………大さじ2
　みりん………少々
　ゆずの皮のすりおろし……適宜
大根おろし、みつば……各適宜

●作り方
①さけは食べやすい大きさに切って、塩、こしょうする。
②フライパンにごま油を熱し、①をこんがり焼く。
③焼きたてをAに10分ほどつけ込む。
④食べるときに大根おろしとざく切りのみつばを添える。

☆ここがコツ!
つけていくうちにどんどん味がしみこんでいくので、甘塩さけより生さけを使ったほうがしょっぱくなりすぎません。

さけ

とにかく安い、うまい、種類が豊富。
和、洋、中はもちろん料理法も選ばない。
利用頻度、人気ともにナンバーワン!!

調理時間 5 分

照り焼き+にんにく+バターで
ちょっと魅惑的。

さけのにんにく照り焼き

●材料（2人分）
生さけ、または甘塩さけ……2切れ
塩………適宜
小麦粉………適宜
サラダ油………適宜
A）しょうゆ………大さじ2
　はちみつ………大さじ2
　にんにく（すりおろし）
　　………1かけ分
バター………大さじ1
キャベツ（ざく切り）、塩……各適宜

●作り方
①生さけは塩で下味をつけ（甘塩さけの場合は不要）、ビニール袋に入れ、小麦粉をまぶす。
②フライパンに油を熱して、①をこんがり焼く。
③余分な油をキッチンペーパーでふき取ったら、Aを入れて全体にからめる。
④最後にバターを入れて全体にからめてできあがり。皿に盛り、上にバター（分量外）をのせる。
⑤キャベツと塩をビニール袋に入れ、塩もみにして添える。

☆ここがコツ!
たれをからめるときに余分な油をキッチンペーパーでふき取ってください。
バターは最後に入れて余熱で溶かすくらいでちょうどいいです。

調理時間 6 分

さけと白菜、両方おいしい。

さけと白菜の煮びたし

●材料(2人分)

甘塩さけ(一口大に切る)
………2切れ分

白菜(ざく切り)………1/8株分

塩………少々

水………大さじ2～3

ポン酢………適宜

●作り方

①白菜はフライパンに入れ、軽く塩をまぶして水を入れる。

②沸騰してきたら、さけを入れ、ふたをして蒸し煮にする。

③白菜がくたっとなって、さけに火が通ったら皿に取り、ポン酢をかける。

☆ここがコツ!
最初に白菜に少し塩をまぶすことで水が出やすくなります。
ぴったり閉まるふたを使えば、白菜の水分だけでも蒸すことができます。

さけ

調理時間 8 分

焼けたマヨネーズのおいしさ。

さけの梅マヨ焼き

●材料(2人分)

生さけ………2切れ

塩、こしょう………各適宜

ピーマン………2個

オリーブオイル、塩………各適宜

梅干し………1個

マヨネーズ………大さじ2

●作り方

①生さけは塩、こしょうし、ピーマンは食べやすく切ってオリーブオイルと塩をまぶし、グリルに並べて焼く。

②ピーマンはこんがり焼けたら取り出す。

③梅肉をたたいてマヨネーズと混ぜ、さけの表面に塗ってさらに焼く。

④マヨネーズがおいしそうに焼けたらできあがり。

☆ここがコツ!
梅マヨネーズは、案外塩分があるので、
甘塩さけより生さけで作ったほうが、しょっぱくなりすぎません。

調理時間 10 分

手作りのホワイトソースがほっとする味。

さけのクリームシチュー

●材料（2人分）

甘塩さけ、または生さけ
………2切れ
塩、こしょう………各適宜
バター………大さじ2
玉ねぎ（薄切り）………1個分
小麦粉………大さじ2
牛乳………2カップ
じゃがいも（一口大に切る）
………2個
コーン………小1缶
ブロッコリー………小1株
塩、こしょう………各適宜

●作り方

①さけは生なら塩、こしょうをふり、一口大のそぎ切りにする。
②フライパンにバターを入れて火にかけ、溶けてきたら玉ねぎを入れて炒める。
③くたっとなったら小麦粉をふり入れ、粉っぽいところがなくなったら、牛乳を入れる。
④じゃがいもを入れて、弱火で時々かき混ぜながら煮る。
⑤じゃがいもがやわらかくなって、全体がとろりとしたら、①のさけを入れる。
⑥コーンと小房に分けたブロッコリーを入れたら、塩とこしょうで味を調えてできあがり。

☆ここがコツ！
さけは最後に入れて
さっと火を通すと生ぐさくなりません。
ブロッコリーは下ゆでせずに、
ホワイトソースの中で加熱すると水っぽくなりません。

調理時間 6 分

ねぎ入りの衣で香り豊かに。

さけのピカタ

●材料（2人分）

生さけ………2切れ
塩、こしょう………各適宜
小麦粉………適宜
A）卵………1個
　小麦粉………大さじ3～4
　塩、こしょう………各適宜
　青ねぎ（小口切り）…1/3わ分
ごま油………大さじ1
ケチャップ………大さじ2
レモン汁………1/2個分
タバスコ………適宜

●作り方

①さけは一口大のそぎ切りにして塩、こしょうし、ビニール袋に入れて小麦粉をまぶす。
②①にAを混ぜ合わせたものをからめたら、ごま油を熱したフライパンで焼く。
③ケチャップとレモン汁、好みでタバスコを入れてたれを作る。
④②が焼けたら皿に取り出し、③のたれを添える。

☆ここがコツ！
そぎ切りにしたさけにあらかじめ小麦粉をまぶしておくことで、
卵の衣がうまくからみます。

調理時間 3 分

1パックのお刺身で満足度100%！

さけのお刺身サラダ

●材料（2人分）

さけの刺身………200g
玉ねぎ（薄切り）………1個分
塩………少々
A）オリーブオイル………大さじ1
　レモン汁………1個分
きゅうり（輪切り）………1本分
B）マヨネーズ………大さじ3
　牛乳………大さじ1～2

●作り方

①玉ねぎは塩でもみ、しんなりしたら、Aを入れる。
②食べる直前に、①、さけの刺身、きゅうりを混ぜて盛る。
③Bをかけてできあがり。

☆ここがコツ！
玉ねぎは水にさらさなくても、塩でもみドレッシングと混ぜれば辛みが抜けます。
玉ねぎドレッシングと刺身は食べる直前に混ぜること。

調理時間 7 分

フライパンひとつで蒸しざけとあんが同時に作れる。

さけの野菜あんかけ

●材料（2人分）
甘塩さけ………2切れ
ごま油………大さじ1
長ねぎ（斜め薄切り）………1本分
えのきだけ………1袋
水………½カップ
昆布（細切り）……1cm×10cm分
しょうが（すりおろし）……1かけ分
しょうゆ………大さじ1
みりん………大さじ1
水溶き片栗粉………適宜
みつば（ざく切り）………適宜

●作り方
①フライパンにごま油を熱し、ねぎとえのきだけを炒めたら、水と昆布、しょうがを入れる。
②しょうゆ、みりんを加え、野菜の上にさけをのせ、ふたをして蒸し焼きにする。
③さけに火が通ったら取り出す。
④残った蒸し汁は、味をみて足りないようなら、しょうゆとみりん（各分量外）を加え、水溶き片栗粉でとろみをつけ、最後にみつばを散らす。
⑤③のさけの上に④をたっぷりとかける。

☆ここがコツ！
野菜の上でさけを蒸すので、あんにさけの旨みがたっぷり入っているというわけです。
このほかの野菜も細切りにして入れてみてください。

調理時間 10 分

安いあらを見つけたら。

さけのあらのフレーク

●材料（2人分）
塩さけのあら………1パック
ごま………適宜

●作り方
①あらはグリルでこんがり焼く。
②身をほぐしてごまと混ぜる。
＊ご飯にかけたり、おにぎりの具にしてもいい。

☆ここがコツ！
かならず塩さけのあらで作ってください。
生さけのあらは脂っぽくておいしくできません。
冷蔵庫で1～2日はもちますが、それ以上保存したいときは小分けにして冷凍で。

調理時間 2 分（焼き時間を含まず）

並べてかけて焼けば、ハイ! できあがり。

さけときのこのドレッシング焼き

●材料（2人分）
甘塩さけ………2切れ
きのこいろいろ………2パックくらい
レモン（半月切り）………$\frac{1}{2}$個分
オリーブオイル………大さじ1～2
レモン汁………適宜

●作り方
①さけは一口大のそぎ切りにしておく。
②きのこは食べやすい大きさに切るか小房に分ける。
③耐熱容器にきのこ、さけ、あればレモンを並べ、オリーブオイルをかける。
④グリルかオーブントースターに入れ、おいしそうな焼き色がつくまで焼き、最後に好みでレモン汁をたっぷりかければできあがり。

☆ここがコツ!
あまっているハーブなどがあれば、上に散らしてみてください。
また中途半端に残った市販のドレッシングをかけて焼いてもおいしいです。

調理時間 8 分

北海道の野外料理をフライパンひとつで。

さけのチャンチャン焼き

●材料（2人分）
甘塩さけ………2切れ
バター………大さじ1
キャベツ（ざく切り）………$\frac{1}{4}$個分
塩、こしょう………各適宜
A）マヨネーズ………大さじ2
　みそ………小さじ1
　すだちまたはかぼすの果汁
　………たっぷり

●作り方
①フライパンにバターを熱してキャベツを入れ、塩、こしょうして炒める。
②しなっとなったらさけをのせて、ふたをして蒸し焼きにする。
③さけに火が通ったら、取り出して、Aのソースをかける。

☆ここがコツ!
ソースはちょっとすっぱいかな、と思うくらい果汁をたっぷり入れて大丈夫。
みそは家にあるものでOKです。

さけ

調理時間 10 分

具だくさんの汁で体の中からぽかぽか。

三平汁

●材料（2人分）
甘塩さけ………2切れ
A）水………5～6カップ
　昆布（細切り）
　………1cm×10cm分
大根（いちょう切り）………$\frac{1}{6}$本分
にんじん（いちょう切り）
　………小1本分
じゃがいも（いちょう切り）……2個分
みそ………大さじ3～4
青ねぎ（小口切り）………適宜

●作り方
①さけは食べやすい大きさにそぎ切りにする（生さけの場合は塩をしておく）。
②鍋にAと大根、にんじん、じゃがいもを入れて火にかける。
③野菜がやわらかくなったら、さけを入れる。
④さけにさっと火が通ったら、みそで味を調える。
⑤器に盛って、青ねぎを散らす。

☆ここがコツ!
さけは最後に入れると生ぐさくなりません。
おろししょうが、おろしにんにくを加えるとひと味違ったおいしさに。
最後にバターを入れるとこくが出ます。

調理時間 9 分（さけを焼く時間を含む）

カリカリに焼けたさけの皮がおいしさの秘密。

カリカリ皮が香ばしいさけ茶漬け

●材料（2人分）

甘塩さけ………1〜2切れ
ご飯………茶碗2杯分
湯………適宜
ゆずこしょう………適宜
みつば（ざく切り）………適宜

●作り方

①さけはグリルでこんがり焼く。
②取り出して身をほぐし、皮は、裏側もさらにこんがり焼く。
③ごはんの上に、さけ、ちぎったカリカリの皮、ゆずこしょうをのせて湯をはる。みつばを飾る。

☆ここがコツ！
皮は、身とくっついていた側をもう一度焼くと両面カリカリになるでしょ。このひと手間でグッとおいしさがアップしますよ。

調理時間 5 分

おいしいさけのほぐし身があれば。

さけチャーハン

●材料（2人分）

さけフレーク………適量
ごま油………大さじ1
長ねぎ（みじん切り）……1本分
卵………1個
ご飯………茶碗2杯分
塩、こしょう………各少々

●作り方

①フライパンにごま油とねぎを入れて炒める。
②溶き卵を入れたら、すぐにご飯も入れて炒める。
③パラリとなったら、さけフレークを入れ、塩、こしょうで味を調える。

☆ここがコツ！
卵を入れたら、まだ生っぽいうちにご飯を入れ、からめるように炒めるとパラリと仕上がります。じっくり炒めるほうが香ばしくておいしいです。

さけ

調理時間 8 分

ちょっぴり甘めのごまだれがおいしさの秘密。

さけの三色ご飯

●材料（2人分）

甘塩さけ………2切れ
A）ごま油………大さじ½
　卵………2個
　塩………2つまみ
ごま油………大さじ½
チンゲンサイ………1株
ご飯………茶碗2杯分
B）しょうゆ………大さじ4
　みりん………大さじ2
　水………大さじ2
　すりごま………大さじ4

●作り方

①フライパンにAのごま油を熱し、いり卵を作って取り出す。
②あいたフライパンにごま油を入れて、食べやすい大きさに切ったチンゲンサイをさっと炒め、その横にさけを入れて身をほぐしながら焼く。
③チンゲンサイを取り出す。
④ご飯の上に、卵とさけとチンゲンサイを彩りよくのせる。
⑤最後にBのたれをかけてできあがり。

☆ここがコツ！
卵、チンゲンサイ、さけの順で炒めるとフライパンを一度も洗わずに作れます。

調理時間 7 分

味つけの失敗なし。

さばのポン酢焼き

●材料（2人分）
さば………半身
A）水………1カップ
　塩………小さじ1
ごま油………大さじ1
長ねぎ………1本
ポン酢………½カップ

●作り方
①さばは半身のままAの塩水にに5分ほどつけ、食べやすい大きさに切る。
②水けをふいたら、ごま油を熱したフライパンに入れ、こんがり焼く。
③その横で一口大に切ったねぎも焼く。
④余分な油をキッチンペーパーでふき取ったら、ポン酢を入れてふたをして2〜3分煮る。

☆ここがコツ!
おいしいポン酢を使えば、間違いなくおいしくできます。
ポン酢を入れる前に余分な油をふき取ること。

さば

市場に入荷したさばは、傷みが早いので目にも止まらぬ速さで数え、買い手の目をごまかして売ったのが「さばを読む」の語源らしい。
さばを読んでも読まれても、人気の高さに変わりはない。

調理時間 10 分

大根おろしであえてこその、うまさです。

さばのおろしあえ

●材料（2人分）
さば………半身
A）水………1カップ
　塩………小さじ1
大根おろし………適宜
ポン酢………適宜

●作り方
①さばは半身のままAの塩水にに5分ほどつけ、水けをふいてから、グリルでこんがり焼く。
②身をほぐして大根おろしであえ、ポン酢をかける。

☆ここがコツ!
大根の先っぽのほうをおろすと辛みがきいておいしいです。

調理時間 10 分

塩焼きに飽きたら。

さばのねぎみそ焼き

●材料(2人分)

さば………半身
A)水………1カップ
　塩………小さじ1
B)みそ………大さじ2
　はちみつ………大さじ2
　青ねぎ(みじん切り)
　　………たっぷり

●作り方

①さばは半身のままAの塩水に5分ほどつけ、食べやすい大きさに切る。
②水けをふいてグリルでこんがり焼いたら、Bを合わせたものを塗って、さらに焼いてできあがり。

☆ここがコツ!
まず魚を焼いてから
みそだれを塗ってください。
塗ると焦げやすくなるので、
そばで見ていてね。

調理時間 9 分

時にはちょっと
韓国チックに料理して。

さばの辛みそ煮

●材料(2人分)

さば………半身
A)水………1カップ
　塩………小さじ1
ごま油………大さじ1
B)水………1カップ
　みそ………大さじ1
　はちみつ………大さじ1
　コチュジャン………大さじ1
　にんにく(すりおろし)
　　………1かけ分
　酢………大さじ1
にら(ざく切り)………1わ分

●作り方

①さばは半身のままAの塩水に5分ほどつけ、水けをふいて食べやすい大きさに切る。
②フライパンにごま油を熱し、①のさばを焼く。こんがり焼けたら、余分な油をふき、Bを入れ、煮汁をかけながら強火で一気に煮たら皿に取り出す。
③あいたフライパンで、にらをさっと炒めて、さばに添える。
＊4人分の場合も2人分と同じ煮汁の量で煮てください。

☆ここがコツ!
フライパンを熱くしておいて、
皮目からこんがり焼いてください。

調理時間 10 分

甘さとすっぱさの絶妙なバランス。

さばの梅酒煮

●材料（2人分）

さば………半身

A）水………1カップ

　塩………小さじ1

B）水………$\frac{1}{2}$カップ

　梅酒（市販）………1カップ

　しょうゆ………大さじ3

　しょうが（薄切り）……1かけ分

☆ここがコツ！
梅酒によって甘さが違うので、
煮汁を少しなめて、
甘さを加減してください。
つかった梅があれば、
いっしょに煮てもおいしい。

●作り方

①さばは食べやすい大きさに切って、Aの塩水に5分ほどつけておき、水けをふいて、皮に十字に切り込みを入れる。

②Bを煮立てて、水けをふいたさばを入れる。

③煮汁をかけて、表面の色が変わったら、落としぶたをして、強火で煮る。

④さばに火が通ったら、皿に取り出して煮汁をかける。

＊梅酒の甘さによって、はちみつを足してもいい。

調理時間 10 分

さばといえば、やっぱりこれ！

さばの竜田揚げ

●材料（2人分）

さば………半身

A）水………1カップ

　塩………小さじ1

しょうゆ………大さじ1

にんにく（すりおろし）……1かけ分

片栗粉………適宜

揚げ油………適宜

☆ここがコツ！
下味つけも
ビニール袋でやれば手軽。
片栗粉は揚げる直前にまぶして。

●作り方

①さばは半身のままAの塩水に5分ほどつける。

②水けをふいて、一口大に切りビニール袋に入れる。しょうゆとにんにくを加えて、もみもみする。

③袋の端を切って水分を抜き、片栗粉をまぶす

④フライパンに2cmほど油を入れて、こんがり揚げる。

さば

調理時間 10 分

酢の力で驚くほどのさっぱり感。

さばの中華風あっさり煮

●材料（2人分）

さば………半身

A）水………1カップ

　塩………小さじ1

B）水………1カップ

　酢………$\frac{1}{2}$カップ

　しょうゆ………大さじ2

　みりん………大さじ2

　にんにく（薄切り）……1かけ分

　ごま油………大さじ1

●作り方

①さばは食べやすい大きさに切って、Aの塩水に5分ほどつける。

②Bを煮立てて、水けをふいて、皮に十字に切り込みを入れたさばを入れる。

③煮汁をかけて、表面の色が変わったら、落としぶたをして、強火で煮る。

④さばに火が通ったら、皿に取り出して煮汁をかける。

☆ここがコツ！
大量に酢が入りますが、煮ているあいだにとんでしまうので、
それほどすっぱくありません。
おいしい酢を使えばさらにおいしくできます。

調理時間 8 分

お酒もご飯も超すすむ。

さばのエスニックカレー焼き

●材料(2人分)

さば………半身

A)水………1カップ

　塩………小さじ1

小麦粉、カレー粉………各適宜

ごま油………大さじ1～2

B)ナンプラー………大さじ1

　レモン汁………1/2個分

　はちみつ………好みで少々

　唐辛子………好みで

レモン………適宜

●作り方

①さばは半身のままAの塩水に5分ほどつけ、水けをふき、一口大に切る。

②ビニール袋に入れて小麦粉とカレー粉をまぶす。

③ごま油を熱したフライパンで②の両面をこんがり焼く。

④余分な油をキッチンペーパーでふいて、Bをからめたらできあがり。好みでレモンを添える。

☆ここがコツ!

調味料を入れる前に余分な油をふくのを忘れずに。

食べるときにレモンをかけても。

調理時間 10 分

トマトの酸味でさっぱりいける。

さばのトマト風味の船場汁

●材料(2人分)

さば………半身

A)水………1カップ

　塩………小さじ1

水………3カップ

昆布(細切り)……1cm×10cm分

トマト(ざく切り)………2個分

しょうが汁………1かけ分

塩、こしょう、しょうゆ……各適宜

●作り方

①さばは半身のままAの塩水に5分ほどつけ、水けをふき、一口大に切る。

②鍋に水と昆布を入れて火にかけ、沸騰したら①を入れる。

③再び沸騰したら火を止めて5分ほどおく。

④再び火にかけて、ふつふつしてきたらトマトを入れ、塩、こしょう、しょうゆで味を調える。

☆ここがコツ!

さばを入れてからは煮立てないのが、魚のくさみを出さないコツ。

トマトは最後にさっと加熱するくらいがおいしい。

調理時間 9 分(マリネする時間を含まず)

つけて焼くだけなのに、こんなにおしゃれ。

さばのマリネ焼き

●材料(2人分)

さば………半身
塩………適宜
オリーブオイル………大さじ1〜2
レモン汁………1個分
サラダミックス………適宜

●作り方

①さばの半身は食べやすい大きさに切って、皮に十字に切り込みを入れ、塩をまぶしてからオリーブオイルとレモン汁をかけて30分以上つけ込む。
②グリルで焼いてできあがり。皿に盛り、サラダミックスを添える。

☆ここがコツ!
ローズマリーやタイムなどのハーブがあれば、焼く直前に散らしてもおいしい。

さば

調理時間 7 分

ほんのり香るにんにくがにくいうまさ。

さばのガーリック焼き

●材料(2人分)

さば………半身
A)水………1カップ
　塩………小さじ1
小麦粉………適宜
オリーブオイル………適宜
にんにく(すりおろし)……1かけ分
塩、こしょう………各適宜

●作り方

①さばは半身のままAの塩水に5分ほどつける。
②水けをふいて中落ちを縦に落とし(中落ちは船場汁に使う。→p64)、一口大に切る。
③ビニール袋に入れて小麦粉をまぶす。
④フライパンにオリーブオイルを熱してこんがり焼いたら、にんにくを入れて、からめながら炒める。
⑤塩、こしょうをふり、皿に盛る。

☆ここがコツ!
ガーリックパウダーがあったら、焼きあがったあとにふりかければ生のにんにくを使うより手軽です。
ひきたての粒こしょうが合います。

調理時間 8 分

フライよりずっと簡単。

さばのパン粉焼き

●材料(2人分)

さば………半身
A)水………1カップ
　塩………小さじ1
にんにく(すりおろし)……1かけ分
パン粉………適宜
オリーブオイル………適宜
レモン………適宜

●作り方

①さばはAの塩水に5分ほどつけ、水けをふき、食べやすい大きさに切る。
②耐熱容器に並べ、にんにくとパン粉を上にかけて、最後にオリーブオイルをかける。
③オーブントースターでこんがり焼けばできあがり。

☆ここがコツ!
さばは塩水につけることで生ぐささが抜け、下味がつきます。
食べるときにぎゅっとレモンをしぼって。

さば

調理時間 8 分

かみしめるごまのおいしさ。

さばのごま焼き

●材料（2人分）

さば………半身
A）水………1カップ
　塩………小さじ1
小麦粉………大さじ2～3
水………大さじ1～2
ごま………大さじ3～4
ごま油………大さじ1～2

●作り方

①さばは食べやすい大きさに切って、Aの塩水に5分ほどつける。
②水けをふいて、ビニール袋に入れる。小麦粉と水を混ぜて入れ、全体にまぶす。
③水溶き小麦粉がさばの全体にからまったら、袋を切り開いて表面にごまをまぶす。
④ごま油を熱したフライパンで、③のさばを焼いてできあがり。

☆ここがコツ!
水と小麦粉を混ぜたものを全体にまぶしてから、
ごまをまぶすのできれいにくっつきます。
ごまをまぶすときはビニール袋を切り開くとやりやすい。

調理時間 6 分

大阪の庶民の味。

さばの船場汁

●材料（2人分）

さばの中骨、中落ちなど……$\frac{1}{2}$尾分
水………2カップ
昆布（細切り）……1cm×10cm分
大根（薄いいちょう切り）…5cm分
しょうが汁………1かけ分
塩、しょうゆ………各適宜
青ねぎ（小口切り）………適宜

●作り方

①鍋に水、昆布、大根、しょうが汁を入れて火にかけ、ふたをしてやわらかくなるまで煮る。
②大根がやわらかくなったら、中骨を入れ、ひと煮立ちしたら、火を止めてそのまま5分ほどおく。
③おいしいだしが出たら、塩としょうゆで味を調え、もうひと煮立ちさせる。青ねぎを散らしてできあがり。

☆ここがコツ!
沸騰したところに中骨を入れたら火を止めて、
余熱でうまみを引き出すのがコツ。いやなくさみやえぐみ、汁のにごりもいっさい出ません。

調理時間 7 分

グリルで焼くより香ばしい。

さんまのフライパン塩焼き

●材料（2人分）

さんま………2尾
A）水………1カップ
　塩………小さじ1
サラダ油………適宜
大根おろし………適宜
すだち、しょうゆ………各適宜

●作り方

①さんまは頭と内臓をつけたまま半分に切り、Aの塩水に5分ほどつけ、水けをふく。
②フライパンに油を熱し、さんまを入れて焼く。
③大根おろしと、好みですだちを添える。味が足りなければ好みでしょうゆをかける。

☆ここがコツ!
フライパンは煙が出るくらい熱〜くしておいて、さんまを入れます。皮がパリッと焼けるまでひっくり返さないこと。ふたもしないで。

さんま

秋といえばさんま。さんまといえば塩焼き。
だけど近ごろは年中食べられるようになり、
そうとなったら、塩焼きだけじゃもったいない!

調理時間 8 分

カリカリに焼けた皮がうまい。

さんまのにんにく焼き

●材料（2人分）

さんま………2尾
A）水………1カップ
　塩………小さじ1
小麦粉………適量
オリーブオイル………大さじ1
にんにく（縦半分に切る）
　………2〜3かけ分
粒こしょう………適宜

●作り方

①さんまは三枚におろして（→p13）、Aの塩水に5分ほどつける。
②水けをふいて、食べやすい大きさに切り、ビニール袋に入れ、小麦粉をまぶす。
③フライパンにオリーブオイル、にんにくを入れて熱し、いい香りがしてきたら、さんまを入れて両面をこんがりと焼く。仕上げに粒こしょうをふる。

☆ここがコツ!
にんにくはいい香りがしてきたら一度取り出すほうが、苦くならなくていいようです。粉をつけることでカリッと焼けます。

調理時間 5 分（つけ込む時間を含まず）

つけたても、じっくりつかったのも、両方うまい。

さんまのねぎじょうゆ漬け

●材料（2人分）
さんま………2尾
A）水………1カップ
　塩………小さじ1
ごま油………大さじ1
B）長ねぎ（小口切り）……1本分
　しょうゆ………大さじ3
　酢………大さじ3
　みりん………大さじ1

●作り方
①さんまは頭と内臓を取って（→p13）、半分に切り、Aの塩水に5分ほどつける。
②フライパンにごま油を熱し、水けをふいたさんまを入れて、こんがり焼く。
③焼きたてをBにつける。

☆ここがコツ！
おいしそうにこんがり焼き、焼きたて熱々をつけてください。

調理時間 10 分

うなぎなんか目じゃない！

さんまの蒲焼き

●材料（2人分）
さんま………2尾
A）水………1カップ
　塩………小さじ1
小麦粉………適宜
ごま油………適宜
B）しょうゆ………大さじ2
　はちみつ………大さじ2
　しょうがのすりおろし
　　………大さじ2
かいわれ菜………適宜
粉山椒………適宜

●作り方
①さんまは三枚におろし（→p13）、Aの塩水に5分ほどつける。
②水けをふいて食べやすい大きさに切り、ビニール袋に入れて小麦粉をまぶす。
③フライパンにごま油を熱し、さんまを入れてこんがり焼く。
④余分な油をキッチンペーパーでふき取る。
⑤Bを入れて一気にからめる。かいわれ菜を添える。好みで粉山椒をふる。

☆ここがコツ！
はちみつを使うことで、とろりとした甘すぎないたれが簡単にできます。
ご飯にのせてどんぶりにしても。

調理時間 10 分

ゆかりのあとがけテクで味がしまる。

さんまのゆかり揚げ

●材料（2人分）
さんま………2尾
A）水………1カップ
　塩………小さじ1
片栗粉………大さじ4
ゆかり………小さじ1
サラダ油………適宜

●作り方
①さんまは三枚におろし（→p13）、Aの塩水に5分ほどつける。
②水けをふいてビニール袋に入れ、片栗粉、ゆかりをまぶす。
③フライパンに油を1cmほど入れて、焼き揚げにする。
④仕上げに、さらにゆかり（分量外）をふる。

☆ここがコツ！
衣にゆかりを入れ、さらに揚げたてにもかけることで、
ゆかりの香りがしっかり口に広がります。
お弁当にも酒の肴にも。

さんま

☆ここがコツ！
煮汁が煮立ったところに魚を入れることが一番のコツ。
熱々の煮汁をスプーンでかけてから落としぶたをすると皮がはがれません。

調理時間 10 分

時にはきのこと煮てみたり。

さんまの煮つけ

●材料（2人分）

さんま………2尾
A）水………1カップ
　塩………小さじ1
B）水………$\frac{1}{2}$カップ
　酒………$\frac{1}{4}$カップ
　みりん………$\frac{1}{4}$カップ
　しょうゆ………$\frac{1}{4}$カップ
　はちみつ………大さじ2
　しょうが（薄切り）
　　………1かけ分
しめじ………適宜

●作り方

①さんまは頭と内臓を取り（→p13）半分に切って、Aの塩水に5分ほどつけて、水けをふく。
②フライパンにBを煮立て、さんまを入れる。煮汁をかけ、表面の色が変わったら、落としぶたをして、強火で煮る。
③火が通ったら、皿に取り出して煮汁をかける。
④あいたフライパンにしめじを入れて、ふたをして蒸し焼きにする。
⑤しめじがくたっとなったら味をみて、足らないようならしょうゆとはちみつ（各分量外）で味を調えて、さんまに添える。
＊4人分の場合も2人分と同じ煮汁の量で煮てください。

調理時間 8 分

野菜に巻いてもりもり食べよう。

さんまの韓国風照り焼き

●材料（2人分）

さんま………2尾
A）水………1カップ
　塩………小さじ1
小麦粉………適宜
ごま油………大さじ1
B）みそ………大さじ1
　はちみつ………大さじ1
　コチュジャン………大さじ1
　にんにく（すりおろし）…1かけ分
ごま………適宜
サンチュ、きゅうり、青じそなど
　………各適宜

●作り方

①さんまは三枚におろし（→p13）、Aの塩水に5分ほどつける。
②水けをふいて、食べやすい大きさに切って、ビニール袋に入れ、小麦粉をまぶす。
③フライパンにごま油を熱してさんまを入れ、こんがり焼く。
④余分な油をキッチンペーパーでふき取り、Bをからめ、ごまをふる。
⑤他の野菜といっしょにサンチュに巻いて食べる。

☆ここがコツ！
たれをからめる前に
余分な油をふくのを忘れないで。
にんにくはフライパンの上で
すりおろすと早い。
生野菜はたっぷり用意してね。

調理時間 8 分

最後に酢を入れて蒸し焼きするだけ。

さんまのさっぱり蒸し

●材料(2人分)

さんま………2尾
A)水………1カップ
　塩………小さじ1
ごま油………大さじ1
酢………大さじ2
大根おろし………大さじ2
ポン酢………大さじ1

☆ここがコツ!
フライパンを熱したところに入れ、皮目においしそうな焼き色をつけることがコツ。
大根おろしはたっぷりと。

●作り方

①さんまは頭と内臓を取って(→p13)、半分に切り、Aの塩水に5分ほどつける。
②軽く水けをふいたら、ごま油を熱したフライパンに入れ、両面をこんがり焼く。
③余分な油をキッチンペーパーでふき取り、酢を回し入れて、ふたをして蒸し焼きにする。
④皿に盛り、大根おろしをのせポン酢をかけたらできあがり。

調理時間 8 分

つけ込まないからすぐできる。

さんまのタンドリー風

●材料(2人分)

さんま………2尾
A)水………1カップ
　塩………小さじ1
小麦粉………適宜
オリーブオイル………大さじ1
B)ケチャップ………大さじ2
　カレー粉………大さじ1
　しょうゆ………大さじ1
　レモン汁………1/2個
サラダミックス………適宜
レモン………1/2個

☆ここがコツ!
調味料を入れたらさっとからめるだけでOKです。
いつまでも火にかけていると焦げつくので注意。

●作り方

①さんまは三枚におろし(→p13)、Aの塩水に5分ほどつける。
②水けをふいて食べやすい大きさに切り、ビニール袋に入れ、小麦粉をまぶす。
③フライパンにオリーブオイルを熱し、さんまを入れてこんがり焼く。余分な油をキッチンペーパーでふき取る。
④最後にBのたれをからめてできあがり。
⑤サラダミックスの上にたれごとのせ、レモンを添える。

☆ここがコツ!
すだち、かぼす、レモンなどのかんきつ類の果汁を、ちょっとすっぱいかなと思うくらいたっぷり加えるのがコツ。

調理時間 8 分

洋食屋さんメニューはいかが?

さんまのみそマヨネーズソース

●材料(2人分)

さんま………2尾
A)水………1カップ
　塩………小さじ1
小麦粉………適宜
オリーブオイル………大さじ1
B)マヨネーズ………大さじ2
　みそ………大さじ1/2
　はちみつ………小さじ1
　すだち………適宜
ブロッコリー、プチトマト
　………各適宜

●作り方

①さんまは三枚におろし(→p13)、Aの塩水に5分ほどつける。
②水けをふいて食べやすい大きさに切り、ビニール袋に入れ、小麦粉をまぶす。
③フライパンにオリーブオイルを熱し、さんまを入れてこんがり焼く。
④皿に取り出してBのソースをかける。
⑤ゆでたブロッコリーとプチトマトを添える。

調理時間 1 分（さんまを焼く時間、炊飯の時間を含まず）

食べ残しの塩焼きでもいいんです。

さんまご飯

●材料（4人分）
- さんま（塩焼き）………2尾
- 米………2カップ
- 水………2カップ
- しょうゆ………大さじ2
- しょうが汁………1かけ分
- 青ねぎ（小口切り）………適宜
- すだち（またはかぼす）………適宜

●作り方

①米を洗って、水、しょうゆ、しょうが汁を入れたところにさんまの塩焼きをのせて炊く。
②炊きあがったらさんまを取り出して身をほぐし、ご飯に戻し入れる。
③青ねぎも混ぜて茶碗によそい、好みですだちかかぼすをしぼってもいい。

☆ここがコツ!
もちろんきちんとさんまを焼いて作ってもいいのですよ!!
最初はそのまま食べ、
途中からすだちなどをしぼると2つのおいしさが楽しめます。

調理時間 5 分

三枚おろしにしたときは……。

さんまの船場汁

●材料（2人分）
- さんま（中骨）………2尾分
- A）水………1カップ
  - 塩………小さじ1
- 水………3カップ
- 昆布（細切り）
  - ………1cm×10cm分
- 大根（薄切り）………10cm分くらい
- 塩………適宜
- すだち（スライス）………適宜

●作り方

①三枚におろした（→p13）さんまの中骨はAの塩水につける。
②水、昆布、大根を入れて火にかける。
③大根がやわらかくなったら、火を止めて5分ほどおく。
④塩で味を調え、すだちを浮かべて、できあがり。

☆ここがコツ!
中骨を入れたあと、ぐつぐつ煮ないのが
おいしさのコツです。
ご飯やめんを入れてもおいしい。

さんま

調理時間 10 分

子供たちも大喜び。

さんま丼

●材料（2人分）
- さんま………2尾
- A）水………1カップ
  - 塩………小さじ1
- ごま油………大さじ1
- B）しょうゆ………大さじ2
  - 酢………大さじ2
  - みりん………大さじ2
  - ねぎ（みじん切り）
    - ………1本分
  - ごま油………大さじ1
  - しょうが（すりおろし）
    - ………1かけ分
- ご飯………茶碗2杯分
- すだち………適宜

●作り方

①さんまは三枚におろし（→p13）、Aの塩水に5分ほどつけ、水けをふき、食べやすい大きさに切る。
②フライパンにごま油を熱してさんまを入れ、こんがり焼く。
③身をほぐしながらBに混ぜ込む。
④ご飯の上に③をのせ、好みですだちを添える。

☆ここがコツ!
さんまはグリルで焼いてもかまいません。
大人には七味唐辛子などを入れてちょっとピリ辛にしても。

ししゃも

妊娠中に妊婦仲間で連れ立って
お散歩をしていた姿は、
今思い出しても、ししゃもみたいでした。

調理時間 6 分

ごまたっぷりのしあわせ。

ししゃものごま焼き

●材料（2人分）

ししゃも………4尾
A）小麦粉………大さじ2
　水………大さじ2
ごま………たっぷり
ごま油………大さじ1

●作り方

①ししゃもはAの衣をつけてから、ごまを全体にまぶす。
②フライパンにごま油を熱して①を入れ、両面をこんがり焼く。

☆ここがコツ!
水溶き小麦粉を表面にからめることで、ごまがびっしりつきます。
ごまは黒でも白でも、お好みのほうで。

調理時間 8 分

しそで巻くから卵がはじけない。

ししゃものしそ焼き

●材料（2人分）

ししゃも………4尾
青じそ………4枚
A）小麦粉………$\frac{1}{2}$カップ
　ベーキングパウダー
　　………小さじ$\frac{1}{2}$
　水………$\frac{1}{2}$カップ
サラダ油………適宜
レモン………適宜

●作り方

①ししゃもに青じそを巻きつけ、Aの衣をくぐらせる。
②フライパンに1cmほど油を入れ、焼き揚げにする。好みでレモンをしぼる。

☆ここがコツ!
しそで巻くと卵がガードされるので
油の中でパチパチはねません。
少なめの油で、カリッと焼き揚げに。

調理時間 5 分

熱々をジュッと。

ししゃものポン酢漬け

●材料（2人分）

ししゃも………4尾
ごま油………大さじ1
ポン酢………適宜

●作り方

①ししゃもはごま油を熱したフライパンでこんがり焼く。
②熱々をポン酢につける。

☆ここがコツ!
フライパンを熱〜くしておいたところに入れ、
あまり触らずじっくりこんがり焼いてください。

調理時間 4 分

いつものにら玉がぐぐっとグレードアップ!!

シーフードミックスと卵のエスニック炒め

●材料(2人分)

シーフードミックス………1袋
ごま油………大さじ1
ナンプラー………大さじ1
卵………2個
塩、こしょう………各適宜
にら(ざく切り)………1わ分

●作り方

①フライパンにごま油を熱し、シーフードミックスを炒めたら、ナンプラーで味をつける。
②塩、こしょうで味をつけた溶き卵を回し入れて、ゆるいスクランブル状にする。
③最後に、にらを混ぜてできあがり。

☆ここがコツ!
先にシーフードミックスに味をつけてしまうことで、全体の味がしまります。
にらは最後に入れて、余熱で火を通すくらいで充分です。

シーフードミックス

冷凍庫に常備しておくとなにかと便利。
たこの入っているのやら、あさりの入っているのやら、
いろいろあるので、お気に入りを探してください。

☆ここがコツ!
お好み焼きソースをかければ和風に早がわり。
溶けるチーズがなければスライスチーズでもOKです。

調理時間 8 分

ちょっとピザ風!?

シーフードミックスの洋風お好み焼き

●材料(2人分)

シーフードミックス………1袋
バター………大さじ1
キャベツ(ざく切り)………1/4個分
塩、こしょう………各適宜
A)小麦粉、牛乳……各1カップ
　卵………1個
ケチャップ、溶けるチーズ
　………各適宜
パセリ(みじん切り)………適宜

●作り方

①フライパンにバターを熱し、シーフードミックスを炒める。
②ほぼ火が通ったら、キャベツも入れて炒め、塩、こしょうで味を調える。
③Aを混ぜたものを流し入れて、両面こんがり焼く。
④ケチャップとチーズをかけ、ふたをしてチーズが溶けたら、食べやすい大きさに切る。あればパセリを散らす。

調理時間 7 分（スパゲティのゆで時間を含まず）

思いたったらすぐ作れる。

シーフードミックスとトマトのスパゲティ

●材料（2人分）
シーフードミックス………1袋
オリーブオイル………大さじ1
玉ねぎ（薄切り）………½個分
にんにく………1かけ
トマト………2個
塩、こしょう、しょうゆ……各適宜
スパゲティ………150～200g
タバスコ、粉チーズ……各適宜

☆ここがコツ！
生のトマトだと色が赤くならないので、すこし物足りない感じがしますが、味は缶詰とは違ってフレッシュで、絶対においしいです。

●作り方
①フライパンにオリーブオイルを熱して、玉ねぎを炒める。
②玉ねぎがくたっとなったら、シーフードミックスも炒める。
③にんにくとトマトをすりおろしながら加えたら、ふたをして煮る。
④シーフードミックスに火が通ったら、塩、こしょう、しょうゆで味を調える。
⑤ゆでたてのスパゲティを加えてからめる。
⑥好みでタバスコと粉チーズをふる。

シーフードミックス

調理時間 10 分

中国料理店の味を手軽に。

シーフードミックスのあんかけ焼きそば

●材料（2人分）
シーフードミックス………1袋
焼きそば………2玉
しょうゆ………大さじ2
ごま油………大さじ2
長ねぎ（斜め薄切り）………1本分
しょうが………1かけ
水………300cc
オイスターソース………大さじ2
水溶き片栗粉………適宜

●作り方
①焼きそばにしょうゆをまぶす。
②ごま油の半量を熱したフライパンで、こんがり焼いて取り出す。
③あいたフライパンに残りのごま油を入れて、ねぎとシーフードミックスを炒める。
④しょうがをすりおろしながら加え、さっと炒めたら水を入れる。
⑤シーフードミックスに火が通ったらオイスターソースで味を調え、水溶き片栗粉でとろみをつける。
⑥②の上にかけてできあがり。

☆ここがコツ！
焼きそばにしょうゆをまぶすことで、こんがり香ばしい焼き色がつきます。

調理時間 10 分

なんちゃってとんこつスープが病みつきになる。

シーフードミックスの豆乳ちゃんぽん

●材料（2人分）
シーフードミックス………1袋
ごま油………大さじ1
豚ばら肉（一口大に切る）…100g
長ねぎ（斜め薄切り）………1本分
キャベツ（ざく切り）………¼個分
しょうが（すりおろし）……1かけ分
水………1カップ
昆布（細切り）……1cm×10cm分
豆乳………2カップ
塩、こしょう、しょうゆ………各適宜
中華麺………2玉
ごま油………適宜

●作り方
①厚手の鍋にごま油を熱して、豚肉をさっと炒めたら、ねぎとキャベツを入れて炒める。
②シーフードミックスも入れてさっと炒めたら、しょうが、水、昆布を入れる。
③ひと煮立ちしたら、豆乳を加えて、塩、こしょう、しょうゆで味を調える。
④中華麺を別にゆでて器に入れておき、その上から③を注ぎ入れる。最後にごま油をふる。

☆ここがコツ！
豆乳は最後に入れて、煮立てないこと。煮すぎると分離して味が落ちます。

調理時間 4 分

すこしの刺身でも大満足。

たいのお刺身サラダ

●材料(2人分)

たいの刺身………1パック
長ねぎ、きゅうり、レタス
（各せん切り）………各適宜
ポテトチップス………適宜
A）しょうゆ………大さじ2
酢………大さじ2
ごま油………大さじ1

●作り方

①野菜を皿に盛り、上にたいの刺身をのせ、手で砕いたポテトチップスをかける。
②Aのドレッシングを食べる直前にかけてできあがり。

☆ここがコツ!
ポテトチップスは食べる直前に砕いて入れるほうがサクサクしておいしいです。

たい

やっぱり、たいは魚の王様です。
時にはちょっと奮発して。
なんだかとっても上品です。

調理時間 1 分
（つけ込む時間を含まず）

お酒のあとに。

たい茶漬け

●材料(2人分)

たいの刺身………1パック
A）しょうゆ………大さじ2〜3
わさび………適宜
すりごま………たっぷり
湯………適宜
みつば（ざく切り）………適宜

●作り方

①たいの刺身はAのたれに10分以上つけておく。
②①をご飯（分量外）にのせて湯を注ぎ入れ、みつばを散らす。

☆ここがコツ!
わさびは多めに利かせたほうがおいしいでしょう。お茶よりお湯のほうが、たいの旨みがいきます。

調理時間 5 分（スープを煮る時間を含まず）

安いあらを見つけたら。

たいのスープかけご飯

●材料（2人分）

たいのあら………1パック

A）水………1カップ

　　塩………小さじ1

水………4カップ

昆布（細切り）……1cm×10cm分

梅干し………2個

塩、しょうゆ………各適量

ご飯………茶碗2杯分

☆ここがコツ！
さっとゆでてから水で洗うと汚れといっしょにうろこも取れます。あらに残った身もおいしいので、ぜひいっしょに食べてください。

●作り方

①たいのあらはAの塩水に5分ほどつけてから、さっとゆでる。

②水にとって汚れを洗う。

③分量の水を昆布といっしょに鍋に入れて火にかけ、沸騰したら弱火にして5分、そのままふたをして10分ほどおく。

④ざるでこす。できたスープに梅干しを入れ、塩、しょうゆで味を調える。

⑤②のあらの身をほぐす。

⑥ご飯に⑤をのせ、静かに④のスープをかけてできあがり。

調理時間 7 分

たいの煮汁で麺をつるつる。

たいそうめん

●材料（2人分）

たいの切り身………2切れ

水………3カップ

昆布（細切り）

　………1cm×10cm分

A）しょうゆ………大さじ1

　　塩………小さじ$\frac{1}{2}$

　　みりん………大さじ1

そうめん………2束

☆ここがコツ！
たいはあらかじめ塩をして下味をつけておくことで、
身も煮汁も、どちらもおいしくいただけます。
たいは煮すぎないのがコツ。
好みでみつばやゆずの皮を散らしても。

●作り方

①たいは食べやすい大きさに切り、塩（分量外）をしておく。

②鍋に水、昆布、Aを入れて火にかけ沸騰したら、①を入れて煮る。

③ゆでたそうめんを入れる。

④そうめんとたいを器に盛り、②のスープをかける。

たい

調理時間 10 分

焼くのもいいけど蒸すのもね。

たいのかぶとの白菜蒸し

●材料（2人分）

たいのかぶと………1尾分

白菜（ざく切り）………$\frac{1}{8}$株分

塩………少々

水………100cc

ポン酢………適宜

☆ここがコツ！
かぶとはさっとゆでて洗うと、
うろこがきれいに取れます。
下に敷いた白菜もおいしい。

●作り方

①たいのかぶとは、さっとゆでて、うろこを手で取る。

②土鍋に白菜を敷いて塩をまぶし、水を入れて、ふたをして蒸す。白菜がくたっとなったら、かぶとをのせ、ふたをしてまた蒸す。

③身をほぐし、白菜といっしょにポン酢をかけて食べる。

たこ

たこ足配線とかっていうけれど、
じつはたこの足って、4対からなる腕なんだって。
頭だと思ってる部分は胴だし……。う〜ん、わからん。

調理時間 1 分

マヨネーズが隠し味。

たこキムチ

●材料（2人分）

ゆでだこ………200g
キムチ………適量
マヨネーズ………適宜

●作り方

①ゆでだこは食べやすい大きさに切り、キムチと混ぜる。
②マヨネーズを混ぜてできあがり。

☆ここがコツ!
マヨネーズを混ぜることで、
キムチの辛みがマイルドになります。
味が足りないときはしょうゆを少し加えても。

調理時間 3 分

青じそ風味の和風イタリアン。

たこのしそ炒め

●材料（2人分）

ゆでだこ（ぶつ切り）………200g
オリーブオイル………大さじ1
塩、こしょう………各適宜
青じそ（せん切り）………20枚分

●作り方

①フライパンにオリーブオイルを熱し、たこを炒め、塩、こしょうで味を調える。
②最後に青じそをたっぷりまぶしてできあがり。

☆ここがコツ!
青じそを入れたら火を止めて、さっと混ぜましょう。
余熱でくたっとなるくらいがおいしい。

調理時間 2 分

酢だこに飽きたら。

たことトマトの中華風サラダ

●材料(2人分)

ゆでだこ(薄切り)………200g
きゅうり(輪切り)………1本分
プチトマト(輪切り)………5～6個分
A)しょうゆ………大さじ2
　レモン汁………$\frac{1}{2}$個分
　ごま油………大さじ1
　みりん………少々
　すりごま………たっぷり

●作り方

①きゅうりは塩(分量外)でもみ、水けを絞る。
②たこ、トマト、①をAであえてできあがり。

☆ここがコツ!
ドレッシングは
食べる直前にあえましょう。

たこ

調理時間 5 分

冷蔵庫で冷た～く、冷た～く。

たこのマリネ

●材料(2人分)

ゆでだこ(薄切り)………200g
玉ねぎ(薄切り)………1個分
塩………小さじ$\frac{1}{2}$
オリーブオイル………大さじ2
にんにく(すりおろし)
　………1かけ分
レモン汁………1個分

●作り方

①玉ねぎと塩をビニール袋に入れて、もみもみする。
②オリーブオイルとにんにく、レモン汁も入れて混ぜ、最後にたこを加えて混ぜる。

☆ここがコツ!
玉ねぎは水にさらさなくても、
塩もみしてドレッシングにつけ込めば、自然に辛みは抜けます。

調理時間 2 分

にんにく&唐辛子の超定番。

たこのペペロンチーニ

●材料(2人分)

ゆでだこ(ぶつ切り)………200g
オリーブオイル………大さじ1
にんにく(すりおろし)……1かけ分
たかのつめ(輪切り)………1本分
塩、こしょう………各適宜

●作り方

①フライパンにオリーブオイル、にんにく、たかのつめを入れて火にかける。
②いい香りがしてきたら、たこを入れ、さっと炒める。
③塩、こしょうで味を調えたらできあがり。

☆ここがコツ!
にんにくとたかのつめを入れてから火をつけると焦げずにいい香りが引き出せます。
たこを入れたら手早く。

調理時間 3 分

たこと梅って合うんです。

たこの和風サラダ

●材料(2人分)

ゆでだこ(薄切り)………200g
わかめ………50g
かいわれ菜………1パック
A)梅肉………梅干し2個分
みりん………大さじ1〜2
しょうゆ………少々

●作り方

①たこ、食べやすく切ったわかめ、かいわれ菜を器に入れ、Aのたれをかける。

☆ここがコツ!
たれは食べる直前に。
塩蔵わかめを使うときは塩を抜き、
カットわかめを使うときはもどしてくださいね。

調理時間 10 分

揚げたてで、ビールをクーッと。

たこのにんにく揚げ

●材料(2人分)

ゆでだこ………200g
卵………1個
小麦粉………大さじ4
にんにく(すりおろし)……1かけ分
揚げ油………適宜
A)ケチャップ………大さじ3
タバスコ………適宜

●作り方

①たこは食べやすい大きさに切って、ビニール袋に入れ、卵、小麦粉、にんにくを混ぜる。
②フライパンに2cmほど油を入れ、揚げる。
③Aのたれを添えて皿に盛る。

☆ここがコツ!
高温でさっと揚げるのがコツ。
塩味だけでシンプルに食べてもおいしいです。

調理時間 10 分

フライパンで作るたこ焼きだい!

たこ焼き風落とし焼き

●材料(2人分)

ゆでだこ………200g

A)小麦粉………1カップ

　卵………2個

　水………50cc

　塩………少々

紅しょうが………適宜

長ねぎ(小口切り)………1本分

ごま油………適宜

お好み焼きソース、マヨネーズ、
かつお節など………各適宜

●作り方

①Aを混ぜたところに小さく切ったたこ、紅しょうが、ねぎを入れて混ぜる。

②フライパンにごま油を熱して、①をスプーンで落としながら焼く。

③お好み焼きソース、マヨネーズ、かつお節などをかける。

☆ここがコツ!
ホットプレートで焼きながら食べるのも楽しいですね。
紅しょうがはぜひほしいところです。

たこ

調理時間 2 分(煮込む時間を含まず)

しんみり味わいたい。

たこと大根の梅煮

●材料(2人分)

ゆでだこ………200g

大根………1/6本

水………4カップ

昆布(細切り)
………1cm×10cm分

梅干し………2個

塩、しょうゆ、みりん………各少々

●作り方

①大根は一口大のいちょう切り、たこは食べやすい大きさに切る。

②鍋にすべての材料を入れて、ふたをして火にかけ、沸騰したら弱火で5分ほど煮て、火からおろしてタオルで包むなどして、温度が下がらないようにして30分以上おく。

☆ここがコツ!
梅といっしょに煮ることで、たこがびっくりするくらいやわらかくなります。
沸騰させすぎずに余熱を利用するのも、やわらかさのコツ。

調理時間 3 分(炊飯の時間を含まず)

ついつい食べすぎちゃうのが玉にキズ。

たこめし

●材料(4人分)

ゆでだこ(薄切り)………200g
米………2カップ
水………2カップ
梅干し………2個
塩………小さじ1
酒………大さじ2
青じそ(せん切り)………10枚分

●作り方

①米を洗い、青じそ以外のすべての材料を炊飯器に入れてふつうに炊く。
②炊きあがったら、青じそを加え、全体を混ぜてできあがり。

☆ここがコツ!
梅干しはすっぱくて辛いものを使ったほうがおいしくできます。まるごと入れて炊き、ご飯を混ぜるときにほぐします。青じそは食べる直前に。

調理時間 10 分(煮込む時間を含まず)

たこの旨みがしみしみ〜。

たこのおでん

●材料(2人分)

ゆでだこ………200g
水………5カップ
昆布(細切り)
………1cm×10cm分
塩………小さじ1
しょうゆ………大さじ2
みりん………大さじ2〜4
大根………300g
こんにゃく………1枚
A)みそ………大さじ2
はちみつ………大さじ2
ゆず(あれば)………適宜

●作り方

①水と昆布を鍋に入れ、塩、しょうゆ、みりんを入れる。
②食べやすい大きさに切ったたこ、大根、こんにゃくを入れて、大根がやわらかくなるまで煮る。
③Aを混ぜておく。
④②が煮えたら、③のみそだれをつけながらいただく。

☆ここがコツ!
ゆずのかわりにしょうがやごまでも。ひとつずつ串に刺せばパーティー料理にもなりますよ。

調理時間 5 分(炊飯の時間を含まず)

にんにく&バターが食欲をそそる。

たこのピラフ

●材料(4人分)

ゆでだこ………200g
米………2カップ
バター………大さじ1
にんにく………1かけ
水………2カップ
昆布(細切り)
………1cm×10cm分
塩………小さじ1
パセリ(みじん切り)………適宜

●作り方

①米は洗って水をきる。
②厚手の鍋にバターを熱し、細かく切ったたこを炒め、その上でにんにくをすりおろし、米を入れて混ぜて、炊飯器に移し、水、昆布、塩を入れてふつうに炊く。
③炊きあがりに好みでバター(分量外)を混ぜ、パセリを散らしてできあがり。

☆ここがコツ!
炊きあがったあとにバターを加えることで、風味が引き立ちます。

調理時間 8 分

満足感のある一品。

たらのにんにく照り焼き

●材料(2人分)

生たら………2切れ
かぼちゃ………1/8個
塩、こしょう、小麦粉………各適宜
オリーブオイル………大さじ1
A)しょうゆ………大さじ2
　はちみつ………大さじ2
　にんにく(すりおろし)
　　………1かけ分

●作り方

①かぼちゃは1cm厚さのいちょう切りに。たらはビニール袋に入れ、塩、こしょう、小麦粉をまぶす。
②フライパンにオリーブオイルの半量を熱してかぼちゃを炒め、ふたをして蒸し焼きにする。
③かぼちゃに火が通ったら取り出す。
④残りのオリーブオイルを熱して、①のたらを焼く。
⑤たらが両面こんがり焼けたら、Aのたれをからめてできあがり。
⑥たらを取り出したあとのフライパンに残ったたれを③のかぼちゃにからめて、たらの横に盛る。

☆ここがコツ!
にんにく風味のたれとかぼちゃがよく合います。塩たらだとしょっぱくなりすぎるので、できたら生たらを使ってください。

たら

「鱈」の字のごとく雪のように白く、あっけなく傷みやすい魚。だから、売られているのは冷凍、塩蔵ものが多い。独特のにおいもそのためで、買ったらすぐに調理しましょう。

調理時間 5 分

おかずになるスープです。

たらちりスープ

●材料(2人分)

生たら(一口大に切る)
　………2切れ分
塩………少々
水………2カップ
昆布(細切り)
　………1cm×10cm分
木綿豆腐………1/2丁
長ねぎ(斜め切り)………1本分
塩、しょうゆ………各適宜
ポン酢………適宜

●作り方

①たらは塩をふる。
②水と昆布を鍋に入れて火にかけ、沸騰したら①を入れる。
③食べやすく切った豆腐とねぎを入れ、塩としょうゆで味を調えたらできあがり。好みでポン酢を入れる。

☆ここがコツ!
塩たらでもおいしくできます。沸騰したところにたらを入れたら、煮立てないのがおいしさのコツ。

調理時間 8 分

黒こしょうでパンチを利かせて。

たらの黒こしょう焼き

●材料（2人分）

生たら（一口大に切る）
………2切れ分
塩、こしょう、小麦粉……各適宜
オリーブオイル………大さじ1
黒こしょう………適宜
レタス（手でちぎる）
………適宜

●作り方

①たらはビニール袋に入れ、塩、こしょう、小麦粉をまぶす。
②フライパンにオリーブオイルを熱して、①の両面をこんがり焼く。
③黒こしょうをひきながらたっぷりかける。
④皿に盛り、レタスを添える。

☆ここがコツ!
できれば粒こしょうをガリガリひいてください。
口の中がひりひりするくらい
たっぷりかかっているのもおいしいです。

調理時間 8 分

パスタソースにしてもおしゃれ。

たらのトマト煮

●材料（2人分）

生たら（一口大に切る）
………2切れ分
塩、こしょう、小麦粉……各適宜
オリーブオイル………大さじ1
玉ねぎ（薄切り）………1/2個分
トマト………2個
A）塩、こしょう、しょうゆ
………各適宜

●作り方

①たらはビニール袋に入れ、塩、こしょう、小麦粉をまぶす。
②フライパンにオリーブオイルを熱して、①の両面をこんがり焼く。
③玉ねぎをフライパンのあいているところでさっと炒めたら、トマトをすりおろしながら入れる。
④玉ねぎがくたっとなるまで煮たら、Aで味を調えてできあがり。

☆ここがコツ!
塩たらでも作れます。
小麦粉をつけたたらを、
最初に香ばしくこんがり焼くのが
おいしさの秘訣。

調理時間 12 分

ホイルをあけたときの香りにうっとり。

たらのホイル焼き

●材料（2人分）

生たら………2切れ
塩、こしょう………各適宜
玉ねぎ（薄切り）………1/2個分
しめじ………1パック
A）みそ………大さじ2
はちみつ………大さじ2
しょうが（すりおろし）
………1かけ分
青ねぎ（小口切り）………適宜

●作り方

①アルミホイルに薄く油（分量外）を塗り、玉ねぎを敷く。
②塩、こしょうしたたらをのせ、混ぜ合わせたAを塗る。
③小房に分けたしめじものせて包む。
④アルミホイルごとフライパンに入れて弱火で、ときどき様子を見ながら蒸し焼きにする。食べるときに青ねぎをふる。

☆ここがコツ!
たらの下に玉ねぎを敷いておくと、
玉ねぎの水分で底が焦げつかず、うまく蒸し焼きになります。

調理時間 8 分

フライパンひとつでできる。

たらのチーズ焼き

●材料（2人分）

生たら………2切れ
塩、こしょう、カレー粉、小麦粉
………各適量
バター………大さじ1
A）マヨネーズ………大さじ2
カレー粉………小さじ1
溶けるチーズ………適宜
プチトマト………3個

●作り方

①たらはビニール袋に入れ、塩、こしょう、カレー粉、小麦粉をまぶす。
②フライパンにバターを熱し、たらの両面をこんがりと焼く。
③表面にAを塗り、チーズをたっぷりとかけ、ふたをして火を止める。
④チーズがとろりとなったら、皿に盛ってプチトマトを添える。

☆ここがコツ!
こんがり焼いてからチーズをのせるので、香ばしくておいしく仕上がります。カレーマヨネーズのかわりにケチャップでも。

たら

調理時間 12 分

木枯らしの吹く日はこれで決まり。

たらのシチュー

●材料（2人分）

生たら………2切れ
塩、こしょう、小麦粉………各適宜
バター………大さじ3
玉ねぎ（薄切り）………½個分
ベーコン（短冊切り）………2枚分
小麦粉………大さじ2
牛乳………2カップ
じゃがいも（乱切り）………2個分
にんじん（乱切り）………小1本分
塩、こしょう………各適宜
ブロッコリー………小1株

●作り方

①たらは一口大に切って、ビニール袋に入れて、塩、こしょう、小麦粉をまぶす。
②鍋にバター大さじ1を入れて、たらを両面こんがり焼いて、取り出しておく。
③あいた鍋に残りのバターを入れて、玉ねぎとベーコンを炒め、しなっとなったら小麦粉も入れる。
④粉っぽいところがなくなったら、牛乳を入れ、じゃがいもとにんじんも入れて煮る。
⑤野菜がやわらかくなって、とろりとなったら、塩、こしょうで味を調える。
⑥小房に分けたブロッコリーと②のたらを入れ、さっと火が通ったらできあがり。

☆ここがコツ!
たらはあらかじめソテーしておくことで、おいしさがプラス。いったん取り出して最後に戻し入れると煮崩れしません。

調理時間 6 分

トマトの酸味がナイスです。

たらのエスニックスープ

●材料（2人分）
生たら（一口大に切る）
………2切れ分
塩、こしょう………各適宜
水………3カップ
昆布（細切り）
………1cm×10cm分
じゃがいも（薄いいちょう切り）
………2個分
にんにく（薄切り）………1かけ分
トマト（ざく切り）………1個分
ナンプラー………適宜

●作り方
①たらは塩、こしょうする。
②水、昆布、じゃがいも、にんにくを鍋に入れて火にかける。
③じゃがいもがやわらかくなったら、たらを入れる。
④トマトも入れて、ナンプラーで味を調える。

☆ここがコツ!
たらは沸騰したところに入れること。
唐辛子を入れて、ピリ辛にしてもおいしいです。

調理時間 10 分

塗って焼いてできあがり。

たらの粒マスタード焼き

●材料（2人分）
生たら………2切れ
塩、こしょう………各適宜
A）マヨネーズ………大さじ2
粒マスタード………大さじ1

●作り方
①たらは塩、こしょうして、オーブンシートを敷いた天パンか耐熱容器に並べる。
②Aを上に塗り、オーブントースターで焦げ色がつくまで焼く。

☆ここがコツ!
塩たらを使うときは、塩、こしょうなしで。
粒マスタードがないときは、溶きがらしでもまた違った味わいになります。

調理時間 10 分

手軽にできる本格派。

たらチゲ

●材料（2人分）
生たら（一口大に切る）
………2切れ分
水………5カップ
昆布（細切り）
………1cm×10cm分
玉ねぎ（薄切り）………1個分
豚ばら肉………100g
塩、こしょう………各適量
A）みそ………大さじ5
コチュジャン………大さじ2
にんにく（すりおろし）
………1かけ分
ごま油………適宜
にら（ざく切り）………1わ分

●作り方
①水と昆布と玉ねぎを鍋に入れて火にかけ、沸騰したら、一口大に切った豚肉を入れる。
②豚肉に火が通ったら、塩、こしょうをしたたらを入れる。
③Aを混ぜたものを入れ、最後にごま油とにらを入れたらできあがり。

☆ここがコツ!
豚肉を先に煮込んでおいて、
たらはさっと火を通す程度で。
最後はご飯かうどんを入れて
食べつくしましょう。

調理時間 8 分

梅が入るだけで
ちょっとさっぱり。

ぶりの梅風味の照り焼き

●材料（2人分）
ぶり………2切れ
塩、こしょう、小麦粉………各適宜
A）しょうゆ………大さじ2
　はちみつ………大さじ2
　梅干し………1個
ごま油………適宜
しし唐………適宜

●作り方
①ぶりはビニール袋に入れて、塩、こしょう、小麦粉をまぶす。
②Aは、梅干しの種を取って身をたたいて、しょうゆ、はちみつを入れて混ぜておく。
③フライパンにごま油を熱して、ぶりを両面こんがりと焼く。
④横でしし唐を塩少々（分量外）をふって焼き、皿に取り出す。
⑤余分な油をふき取り、ぶりに②をからめる。皿に盛り、フライパンに残ったたれをかけてできあがり。

☆ここがコツ!
たれを入れる前に余分な油をキッチンペーパーでふき取ってください。
梅干しの量は好みで加減してください。

ぶり

関東風で、わかし、いなだ、わらさ、ぶり。
関西風で、つばす、はまち、めじろ、ぶり。
成長とともに名前を変える出世魚。年末ごろの脂ののった寒ぶりはうまい!!

☆ここがコツ!
ぶりは薄く切れなくても
お刺身程度の厚さで大丈夫です。
水菜のほかにきのこもよく合います。

調理時間 2 分

おもてなしに最適!!

ぶりしゃぶ

●材料（2人分）
ぶり（刺身用）………300gくらい
水………5カップ
昆布（細切り）
　………1cm×10cm分
水菜（ざく切り）………1わ分
豆腐（木綿でも絹でも）………1丁
ポン酢、大根おろし、しょうゆ、
　すだちなど………各適宜

●作り方
①ぶりは5〜10mmくらいの厚さに切る。
②鍋に水と昆布を入れて火にかけ、沸騰したら、水菜、食べやすく切った豆腐を入れる。
③ぶりは、しゃぶしゃぶの要領でさっと火を通す。
④ポン酢と大根おろし、あるいはしょうゆとすだちなど好みのたれで食べる。

調理時間 5 分（つけ込む時間を含まず）

焼いてつけるから失敗なし。

ぶりの柚庵漬け

●材料（2人分）

ぶり………2切れ
塩………少々
ごま油………適宜
A）しょうゆ………大さじ2
　酢………大さじ2
　ゆずの皮………適宜

●作り方

①ぶりは食べやすい大きさに切って、塩をして、ごま油を熱したフライパンでこんがり焼く。
②熱々をAに10分ほどつけ込み、器に盛る。

☆ここがコツ！
つけ込んですぐもいいですが、
そのままつけておいても2〜3日は大丈夫。
つかりすぎたら、身をほぐしておろしあえにしても。

調理時間 8 分

まぶして焼くだけの豪快さ。

ぶりかまのゆずこしょう焼き

●材料（2人分）

ぶり（かま）………1パック
ゆずこしょう………適宜
すだち………適宜

●作り方

①ぶりのかまの表面にゆずこしょうを塗り、グリルまたはオーブンでこんがり焼く。
②好みですだちを添える。

☆ここがコツ！
ぶりの切り身でも同様にできます。
ゆずこしょうの塩分に応じて、
食べるときに好みでしょうゆを足してください。

調理時間 15 分

切り身で作れば簡単。

即席ぶり大根

●材料（2人分）

ぶり………2切れ
大根………10cm
水………1カップ
昆布（細切り）
　………1cm×10cm分
しょうが（薄切り）………1かけ分
A）しょうゆ………$\frac{1}{4}$カップ
　みりん………$\frac{1}{4}$カップ
　はちみつ………大さじ2

●作り方

①大根は2cm厚さくらいの乱切りにして、水、昆布、しょうがとともにフライパンに入れ、ふたをして煮る。
②大根がやわらかくなったらAを入れ、沸騰したら、食べやすい大きさに切ったぶりを入れる。
③落としぶたをして、強火で煮汁がとろりとなるまで煮つめたらできあがり。

☆ここがコツ！
先に大根をやわらかく煮ておくのがコツ。
最後にぶりを入れて、煮魚の要領で落としぶたをし、
強火で一気に煮てください。

調理時間 8 分

脂ののったぶりをあっさりと。

ぶりの塩焼き、ねぎ酢じょうゆ

●材料（2人分）
ぶり………2切れ
塩………少々
A）しょうゆ………大さじ2
　酢………大さじ2
　みりん………大さじ1
　長ねぎ（小口切り）
　　………たっぷり

●作り方
①ぶりは塩をして、グリルかフライパンでこんがり焼く。
②皿に取り出して、Aをたっぷりとかける。

☆ここがコツ！
塩はいいものを使うとよりおいしくできます。
グリルで焼くほうがぶりの脂が落ちてあっさりします。

調理時間 15 分

味のしみたごぼうもうまい!!

ぶりとごぼうの煮物

●材料（2人分）
ぶり………2切れ
ごま油………大さじ2
ごぼう（斜め切り）………1本分
塩、こしょう、小麦粉………各適宜
A）水………$\frac{1}{2}$カップ
　しょうゆ………大さじ2
　みりん………大さじ2
　はちみつ………大さじ1
　しょうが（薄切り）………1かけ分
針しょうが（飾り用）………適宜

●作り方
①フライパンにごま油の半量を熱して、ごぼうを炒める。
②ふたをして蒸し焼きにする。
③ぶりは食べやすい大きさに切ってビニール袋に入れ、塩、こしょう、小麦粉をまぶしておく。
④ごぼうが好みのかたさになったらフライパンの端に寄せ、残りのごま油を熱して③のぶりを焼く。
⑤ぶりにいい焼き色がついたら、Aを一度に入れ、強火でさっと煮つめてからめる。
⑥煮汁がとろりとなったらできあがり。皿に盛って、針しょうがを飾る。
＊4人分の場合も2人分と同じ煮汁の量で煮てください。

☆ここがコツ！
ごぼうはさっと炒めてから煮ることで、コクとつやが出ます。
ぶりも焼いてから煮るので、とろりと味がからみます。

調理時間 10 分

揚げずに焼いて作る。

ぶりのおろし煮

●材料（2人分）
ぶり………2切れ
塩、小麦粉………各適宜
ごま油………適宜
A）水または酒………$\frac{1}{2}$カップ
しょうゆ………大さじ2
みりん………大さじ2
はちみつ………大さじ1
大根おろし………$\frac{1}{4}$本分

●作り方
①ぶりは一口大のそぎ切りにして、ビニール袋に入れ、塩と小麦粉をまぶす。
②フライパンにごま油を熱し、①の両面をこんがり焼いたら、余分な油をふいてAを入れる。
③最後に大根おろしを入れて、ひと煮立ちしたらできあがり。

☆ここがコツ！
小麦粉をまぶして焼いてから煮るので、
揚げ煮のようにとろりと味がからみます。
大根おろしを入れたら、さっとひと煮立ちで火を止めてください。

調理時間 6 分

食べ残しの刺身を使って。

ぶりと大根のみそ汁

●材料（2人分）
ぶりの刺身………適宜
水………2カップ
昆布（細切り）
………1cm×10cm分
大根（薄いいちょう切り）
………5cm分
みそ………大さじ2
ゆずこしょう（あれば）………適宜

●作り方
①水と昆布と大根を鍋に入れて火にかける。
②大根がやわらかくなったら、ぶりの刺身を入れる。
③みそを溶き入れ、ゆずこしょうを入れてできあがり。

☆ここがコツ！
先に大根を煮ておくのがコツ。
ぶりはさっと火を通す程度。
みそは、ふだん使っているものでOKです。

ぶり

調理時間 2 分（つけ込む時間を含まず）

中華味のづけ丼だい!!

ぶりのピリ辛丼

●材料（2人分）
ぶりの刺身………200g
A）しょうゆ………大さじ4
ごま油………大さじ1
しょうが（すりおろし）
………1かけ分
豆板醤またはラー油……適宜
すりごま………適宜
きざみのり………適宜
かいわれ菜………適宜
ご飯………茶碗2杯分

●作り方
①ぶりの刺身はAに10分以上つけ込む。
②ご飯を盛り、のりとかいわれ菜をのせ、①をたっぷりのせたらできあがり。

☆ここがコツ！
ご飯と刺身を混ぜて食べてもよし、
熱々のだしやお湯をかけて
茶漬けにしてもよしです。

調理時間 2 分

新鮮なほたてが
手に入ったら……。

ほたての お刺身サラダ

●材料（2人分）

ほたて（刺身用）………200g
レタス（手でちぎる）……¼玉分
きゅうり（輪切り）………1本分
A）オリーブオイル……大さじ2
　しょうゆ………大さじ2
レモン………適宜

●作り方

①レタス、きゅうりを皿に敷き、ほたてをのせて、Aとレモンを添える。

☆ここがコツ！
おいしいオリーブオイルで作るとさらにおいしいです。
ごま油に変えると中華風になります。

ほたて

お刺身やすしだねで食べている部分はほたての貝柱で、独特の甘みと旨みがたっぷり。ボイルほたては、ひもの部分もついているけれど、手ごろな値段なので上手に利用したいもの。

調理時間 5 分

思わずご飯をおかわりしたくなる。

ほたてとブロッコリーのオイスターソース炒め

●材料（2人分）

ボイルほたて………200gくらい
ごま油………大さじ1
ブロッコリー（小房に分ける）
　………1株分
水………100cc
にんにく（すりおろし）……1かけ分
しょうが（すりおろし）……1かけ分
オイスターソース………大さじ1～2
水溶き片栗粉………適宜

●作り方

①フライパンにごま油の半量を熱し、ブロッコリーを入れてさっと炒めたら水を入れ、ふたをして蒸し焼きにする。
②ブロッコリーに火が通ったら一度取り出す。
③あいたフライパンに残りのごま油を入れて、にんにく、しょうがも入れ、火をつける。
④いい香りがしてきたら、ほたてをさっと炒め、オイスターソースで味をつける。
⑤ブロッコリーを戻し入れて、水溶き片栗粉を加えて、全体を混ぜてできあがり。

☆ここがコツ！
ほたてのほうにしっかり味をからめるのがコツ。
ブロッコリーは最後に戻し入れたら、さっとからめる程度で。

調理時間 3 分

お弁当のおかずにもぴったり。

ほたてのレモン照り焼き

●材料(2人分)

ボイルほたて(大)………6個
塩、こしょう、小麦粉……各適宜
バター………大さじ1
A)しょうゆ………大さじ2〜3
　はちみつ………大さじ2〜3
　レモン汁………1個
サラダ菜………適宜

●作り方

①ほたてはビニール袋に入れ、塩、こしょう、小麦粉をまぶす。
②フライパンにバターを熱し、①を炒める。
③余分な油をふき取ったら、Aを入れてからめる。
④皿に盛り、サラダ菜を添える。

☆ここがコツ!
ボイルほたてに
小麦粉をまぶしてソテーすることで、
たれがうまくからみます。
レモン風味でさっぱりと。

調理時間 2 分(焼く時間を含まず)

パン粉のサクサク感と
マヨネーズのこく。

ほたてのパン粉焼き

●材料(2人分)

ほたて(刺身用)………200g
塩、こしょう………各適宜
A)マヨネーズ………大さじ2
　粒マスタード………大さじ1
パン粉………$\frac{1}{2}$カップ
粉チーズ………大さじ2〜3

●作り方

①ほたては耐熱容器に入れて、塩、こしょうする。
②Aを塗って、パン粉と粉チーズをふる。
③オーブントースターで焦げ色がつくまで焼く。

☆ここがコツ!
刺身用のほたてを使えば、
パン粉が香ばしく焼けたらOKです。
マヨネーズの量は好みで加減を。

調理時間 7 分

おつまみに最適。

ほたてのベーコン焼き

●材料(2人分)

ほたて(刺身用)………10個
ベーコン………5枚
オリーブオイル………大さじ1
こしょう………適宜
しょうゆ………適宜
レモン………適宜

●作り方

①ほたてにベーコンを巻いて、つま楊枝でとめる。
②フライパンにオリーブオイルを熱し、①をこんがり焼く。
③こしょうをたっぷりかけ、最後にしょうゆをかける。
④皿に取り出して、レモンをしぼる。

☆ここがコツ!
ベーコンは幅を2つに切ってから巻くと、
ちょうどいい太さになると思います。
食べるときにレモンをしぼるとさわやかです。

ほたて

調理時間 4 分

おーい、おーい、ほっかいど〜。

ほたてとコーンのバターじょうゆ炒め

●材料(2人分)

ベビーほたて………200g
バター………大さじ2
コーン………小1缶
塩、こしょう………各適宜
しょうゆ………適宜

●作り方

①フライパンにバターの半量を熱して、ほたてを炒める。
②コーンを入れてさっと炒めたら、塩、こしょうで味をつける。
③器に取り出して、バターの残りをのせ、しょうゆを回しかける。

☆ここがコツ!
バターで炒め、器に盛ってからさらにバターをのせるので香りが増します。
しょうゆをすこしかけると味がしまります。

調理時間 8 分

炊き込まないから簡単&うまい。

ベビーほたてとしめじの混ぜご飯

●材料(2人分)

ベビーほたて………200g
バター………大さじ2
しめじ(ほぐす)………1パック分
しょうゆ………大さじ2
ご飯………茶碗2杯分
かぼす………適宜

●作り方

①フライパンにバターを熱して、ほたてをさっと炒めたら、しめじを入れる。
②しょうゆで味を調えたら、ご飯に混ぜる。
③あれば、かぼすを添える。

☆ここがコツ!
さっと炒めただけでご飯に混ぜるので、
ほたてもしめじも素材の味が生きます。
食べるときに、かんきつ果汁をかけるとさわやかです。

調理時間 3 分

マヨネーズが隠し味。

アボカドまぐろ

●材料(2人分)

まぐろ(切り落とし)………1パック
アボカド………1個
A)マヨネーズ………大さじ1
　しょうゆ………大さじ1
　わさび………適宜

●作り方

①アボカドは2つに割り、種を抜いて、中身をスプーンでかき出す。
②まぐろと混ぜて、Aであえる。

☆ここがコツ!
食べる直前に混ぜないとアボカドの色が悪くなります。
わさびを利かせたほうがおいしい。

まぐろ

おすしで食べるだけじゃもったいない。
手ごろな値段で買える赤身も、家庭では大いに食べたいもの。
あっさりしているから、じつは隠れファンも多いんです。

調理時間 4 分

どれがまぐろで、どれがトマト!?

まぐろのお刺身サラダ

●材料(2人分)

まぐろ(赤身)………1さく
オリーブオイル………大さじ1
トマト………1個
かいわれ菜………適宜
A)マヨネーズ………大さじ2
　しょうゆ………大さじ1
　にんにく(すりおろし)…1かけ分

●作り方

①まぐろは5mm厚さほどに切り、オリーブオイルをからめておく。
②トマトはまぐろと同じような大きさに切る。
③まぐろとトマトをいっしょに盛り、かいわれ菜を散らし、Aのソースをかける。

☆ここがコツ!
カルパッチョ風に盛りつけると、おもてなしになります。
ソースは食べる直前に。

調理時間 6 分

さっと揚げればたたき風。

まぐろのたたき風フライ

●材料(2人分)

まぐろ(赤身)………1さく
A)卵………1個
　小麦粉………大さじ4
パン粉………適宜
かいわれ菜………適宜
B)マヨネーズ………大さじ2
　牛乳………大さじ2
　しょうゆ………小さじ1〜2
　にんにく(すりおろし)
　　………1かけ分

●作り方

①まぐろはさくのままビニール袋に入れ、Aをからめてから、パン粉をつける。
②フライパンに2cmほど油を入れて、焼き揚げにする。中は生のままでOK。
③一口大に切って、かいわれ菜を添える。好みでBのソースをかけながら食べる。

☆ここがコツ!
レアの状態に揚げるのがコツ。
もし揚げすぎてしまっても、
それはそれでおいしい。

調理時間 7 分

残ったお刺身で
お弁当のおかずはいかが?

まぐろのごま照り焼き

●材料(2人分)

まぐろ(赤身)………1さく
小麦粉………適宜
ごま油………大さじ1
しょうゆ………大さじ2
はちみつ………大さじ2
いりごま………たっぷり

●作り方

①まぐろは食べやすい大きさに切り、ビニール袋に入れ、小麦粉をまぶす。
②フライパンにごま油を熱し、①をさっと焼く。
③しょうゆとはちみつをからめたら、たっぷりといりごまをまぶす。

☆ここがコツ!
冷凍の安い赤身でOKです。
残ったお刺身でぱぱっと作って
お弁当に入れるのもいいですね。

まぐろ

調理時間 5 分

安い赤身がトロになる。

ねぎトロ

●材料（2人分）
まぐろ（赤身）………1さく
マヨネーズ………大さじ1～2
青ねぎ（小口切り）………適宜
わさび、しょうゆ………各適宜

●作り方
①まぐろはスプーンでかき取る。
②マヨネーズと青ねぎを混ぜる。
③わさびじょうゆを好みでかけてできあがり。

☆ここがコツ！
買った赤身が筋っぽかった、
というときは、
ぜひこの方法でトロにしてください。
手巻きずしにしてもおいしいです。

調理時間 5 分

のりの香りでおいしく。

まぐろののりあえ

●材料（2人分）
まぐろ（切り落とし）………1パック
ほうれん草………1わ
わさび、しょうゆ………各適宜
焼きのり………全形1枚

●作り方
①ほうれん草はゆでて、水にとり、水けを絞って食べやすく切る。
②まぐろはわさびじょうゆをまぶす。
③①のほうれん草、手でもんだ焼きのりと混ぜる。

☆ここがコツ！
ほうれん草、焼きのりは食べる直前にあえるのがコツ。
味つけのりより、かおり高い焼きのりを使いたい。

調理時間 2 分（つけ込む時間を含まず）

たっぷりご飯にのせるしあわせ。

まぐろのづけ丼

●材料（2人分）
まぐろ（赤身）………1さく
A）しょうゆ………大さじ3
　みりん………大さじ3
　しょうが（すりおろし）
　………1かけ分
　わさび、ごま………各適宜
ご飯………茶碗2杯分
ゆずこしょう（またはゆず）
………適宜

●作り方
①まぐろは一口大に切って、Aに10分以上つけ込む。
②つけ汁ごとご飯の上にかける。あれば、ゆずこしょうやゆずを添える。

☆ここがコツ！
丼として食べてもいいし、
途中でお湯（またはだし）をかけても、
またおいしい。

調理時間 4 分

ちょっとうれしいごちそうサラダ。

めんたいこドレッシングの大根サラダ

●材料（2人分）

めんたいこ（またはたらこ）……1腹

大根（薄いいちょう切り）………10cm分

塩………少々

レモン汁………1/2〜1個分

オリーブオイル………大さじ1

青じそ（せん切り）………10枚分

●作り方

①大根は塩でもむ。

②めんたいこは身をほぐし、レモン汁、オリーブオイルで混ぜる。

③水けをしぼった①、青じそとあえてできあがり。

☆ここがコツ!

ドレッシングは食べる直前にあえてください。
レモン汁を利かせたほうがおいしいです。

めんたいこ

めんたいこ、たらこは、2本で1腹。
家庭で食べるなら、きれいな形でお行儀よく売られているものより、
ちょっとバラけたもののほうが安くてお得です。

調理時間 7 分（焼き時間を含む）

小さく切ればオードブルに。

めんたいこトースト

●材料（2人分）

めんたいこ（またはたらこ）……1腹

マヨネーズ………大さじ3

食パン（8枚切り）………2枚

●作り方

①めんたいこは身をほぐし、マヨネーズと混ぜる。

②こんがり焼いたトーストに塗って食べる。

☆ここがコツ!

食パンでもフランスパンでもおいしくできます。
好みでレモン汁を加えて。

調理時間 5 分

お茶漬けとはちょっと違う。

明太キムチがゆ

●材料（2人分）

めんたいこ（またはたらこ）……1腹

水………2カップ

ご飯………茶碗1〜2杯分

キムチ………適宜

●作り方

①水とご飯を鍋に入れて火にかける。

②とろりとなったらキムチと身をほぐしためんたいこを入れて混ぜる。

☆ここがコツ!

ご飯を水で煮ておかゆを作っておいたところに混ぜます。
ほぐしためんたいこが全体に混ざることで、
上にのせて食べるのとは違ったおいしさに。

調理時間 8 分

揚げたてに甘ずっぱいたれをからめて。

わかさぎのから揚げ、レモンソースかけ

●材料(2人分)

わかさぎ………200g
小麦粉………適宜
揚げ油………適宜
A)しょうゆ………大さじ1
　はちみつ………大さじ1
　レモン汁………$\frac{1}{2}$個分

●作り方

①わかさぎはビニール袋に入れて、小麦粉をまぶす。
②フライパンに2cmほど油を入れて、カリッと揚げる。
③揚げたてに、Aのたれをからめてできあがり。

☆ここがコツ!
味をからめたらすぐに食べるのもおいしいですが、
味がなじんでしっとりしたのもまたおいしいです。

わかさぎ

湖が凍ってできた分厚い氷に穴を開けて、
糸をたらして釣る……絵本の世界ではそんなイメージ。
冷凍で買い置きしておくと、すぐに使えて便利です。

調理時間 8 分(つけ込む時間を含まず)

焼いてつけるのでお手軽。

わかさぎの焼き漬け

●材料(2人分)

わかさぎ………200g
小麦粉………適宜
ごま油………適宜
A)玉ねぎ(薄切り)………$\frac{1}{2}$個分
　しょうゆ………大さじ3
　酢………大さじ3
　みりん………大さじ1
プチトマト………10個くらい

●作り方

①わかさぎはビニール袋に入れて、小麦粉をまぶす。
②フライパンに少し多めにごま油を熱し、カリッと焼く。
③Aのたれにつけ込む。
④くし形に切ったプチトマトを混ぜる。

☆ここがコツ!
表面がカリッとなるまで、あまり触らないのがコツです。
ひっくり返すのは1回、触りすぎると身がぼろぼろになっていきます。

調理時間 8 分

青のりの風味があとをひく。

わかさぎのさっくり香り揚げ

●材料(2人分)

わかさぎ………200g
小麦粉………適量
A)小麦粉………$\frac{1}{2}$カップ
　ベーキングパウダー
　………小さじ$\frac{1}{2}$
　水………$\frac{1}{2}$カップ
　青のり………大さじ2
　塩………適宜
揚げ油………適量

●作り方

①わかさぎはビニール袋に入れて、小麦粉をまぶしておく。
②①のビニール袋にAを入れて、わかさぎにさらにまぶす。
③フライパンに2cmほど油を入れて、カリッと揚げる。

☆ここがコツ!
ベーキングパウダーを加えることでさっくり揚がります。
わかさぎに小麦粉をまぶして、さらに衣をつけるのがコツです。

奥薗壽子

（おくぞの・としこ）
京都生まれ。
テキトーに作ってもおいしくてヘルシーな
「おくぞの流」レシピを日本中に広め、
いまやお茶の間の主婦・ママさんたちの間では
すっかりおなじみの家庭料理研究家。
合理的&スピーディーな調理法と
材料を無駄なく有効に使うレシピで大人気。
書籍・雑誌・TV・講演会・料理教室など幅広く、
日本中を飛び回り精力的に活躍の日々。
家庭の食卓をこよなく愛する、1男1女の母。
著書に、本書のシリーズである
『おくぞの流 簡単 激早 たっぷり野菜おかず229』
『おくぞの流 簡単 激早 ヘルシー野菜おかず271』
『おくぞの流 簡単 激早 しっかりお肉おかず203』（いずれも講談社）
のほか、多数あり。

奥薗壽子のホームページ
http://www.nabekama.jp

STAFF
企画・構成／佐藤由起（PLANEDO）
ブックデザイン／渡辺貴志（ワタナベデザイン）
スタイリング／大畑純子
撮影／齋藤 浩（講談社写真部）
撮影アシスタント／飯嶋由佳梨
ディレクション／柳沢正広（講談社エディトリアル）

おくぞの流 簡単 激早
ぴちぴちお魚おかず202
2005年 1 月25日　第 1 刷発行
2007年12月14日　第 8 刷発行

著　者　奥薗壽子

発行者　野間佐和子
発行所　株式会社 講談社
〒112-8001
東京都文京区音羽2-12-21
販売部 ☎03-5395-3625　業務部 ☎03-5395-3615
編　集　株式会社 講談社エディトリアル
代表　土門康男
〒112-0012
東京都文京区大塚2-8-3　講談社護国寺ビル
編集部 ☎03-5319-2171
印刷所　株式会社 東京印書館
製本所　株式会社 若林製本工場

定価はカバーに表示してあります。

落丁本・乱丁本は、ご購入書店名を明記のうえ、
講談社業務部宛にお送りください。
送料小社負担にてお取り替えします。
なお、この本についてのお問い合わせは、
講談社エディトリアル宛にお願いいたします。

ISBN4-06-271584-8　N.D.C.596　95p　26cm